群岛 ARCHIPELAGO 秦蕾 编著

THE BRIDGES IN

SHANGHAI

上海的桥

机 械 工 业 出 版 社

桥梁和人类的生活紧密相关，人类的历史就是不断跨越障碍、沟通往来的历史。本书从桥梁的数量、历史、类型、建造技术、发展新趋势等角度介绍了上海作为桥梁之都的城市特色及方方面面的桥梁知识。全书包括桥梁之都、上海桥梁时间线、桥梁博物馆、造桥新阶段四个部分，内容生动，形式新颖，简明易读，精美的照片将上海桥梁的景色带到读者眼前，朴实的文字讲述桥梁之都的历史与成就。本书是一本面向大众的建筑科普书，适合桥梁设计与建造的相关人员阅读，也适合对桥梁设计与建造感兴趣的大众读者阅读。

图书在版编目（CIP）数据

上海的桥 / 群岛ARCHIPELAGO，秦蕾编著.—北京：机械工业出版社，2023.3
（趣城课堂）
ISBN 978-7-111-72659-3

Ⅰ.①上…　Ⅱ.①群…②秦…　Ⅲ.①桥—上海—普及读物　Ⅳ.①U448-49

中国国家版本馆CIP数据核字(2023)第028469号

机械工业出版社（北京市百万庄大街22号　邮政编码100037）
策划编辑：赵　荣　　　　　责任编辑：赵　荣
责任校对：龚思文　陈　越
责任印制：张　博
北京利丰雅高长城印刷有限公司
2023年7月第1版第1次印刷
185mm×260mm・9.75印张・274千字
标准书号：ISBN 978-7-111-72659-3
定价：88.00元

电话服务　　　　　　　网络服务
客服电话：010-88361066　机　工　官　网：www.cmpbook.com
　　　　　010-88379833　机　工　官　博：weibo.com/cmp1952
　　　　　010-68326294　金　书　网：www.golden-book.com
封底无防伪标均为盗版　机工教育服务网：www.cmpedu.com

桥梁 ——— 之一

THE CITY

PART 1

都

OF
BRIDGES

作为城市地标的桥

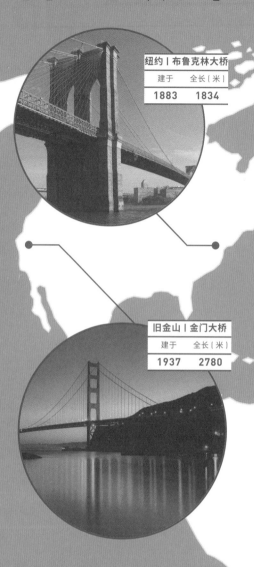

纽约丨布鲁克林大桥	
建于	全长〔米〕
1883	1834

伦敦丨塔桥	
建于	全长〔米〕
1894	244

旧金山丨金门大桥	
建于	全长〔米〕
1937	2780

巴黎丨新桥	
建于	全长〔米〕
1606	232

桥梁和人类的生活紧密相关。可以说，人类的历史就是不断跨越障碍，沟通往来的历史。设想一下，如果没有桥梁，那我们人类生存的空间将是如何大受约束，更别提与世界的其他角落紧紧联系在一起了。同时，人类还有"择水而居"的习惯，河流不仅可以提供人类赖以生存的水源，也为人类开辟了与外界交流的通道。人类的文明可以说都是在水边诞生的。人类的聚居也孕育着城市的历史，因此城市的发展往往都与江河湖海有着密不可分的联系。河流旁，尤其是江河的交汇处，更容易集聚人口、发展贸易，逐步形成城市乃至大都市。

一座城市的运转有赖于其错综复杂的基础设施的精密运作，而对于因"水"兴起的都市，桥梁扮演着至关重要的角色，它从无到有，从小到大，伴随着城市一点点繁荣壮大。世界上有不少著名的水网城市，例如意大利的威尼斯、瑞典的斯德哥尔摩、德国的汉堡以及我国的苏州、绍兴等。这些城市都是靠着众多的桥梁逐渐发展起来的。桥梁代表着从此岸到彼岸，从已知到未知，跨越了现在和未来，成为城市脉动与人类雄心的真实印记。

BRIDGES ———— AS —

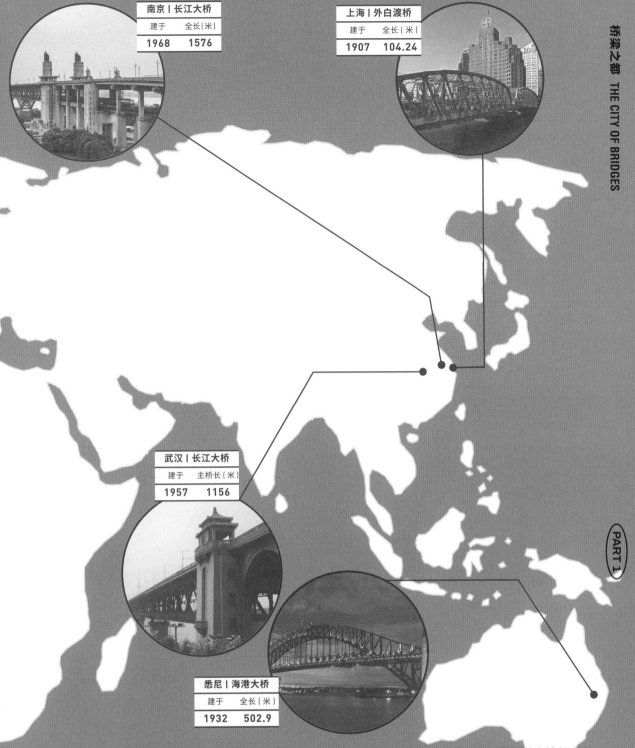

南京 | 长江大桥	
建于	全长〔米〕
1968	1576

上海 | 外白渡桥	
建于	全长〔米〕
1907	104.24

武汉 | 长江大桥	
建于	主桥长〔米〕
1957	1156

悉尼 | 海港大桥	
建于	全长〔米〕
1932	502.9

PART 1

对于伴水而生的城市来说，"桥"最有资格成为它的标志，例如：纽约的布鲁克林大桥、悉尼的海港大桥、伦敦的塔桥、旧金山的金门大桥、南京和武汉的长江大桥等。

说到上海的桥，恐怕人们首先想到的就是苏州河口的"外白渡桥"，作为上海的标志之一，它是上海工业化和现代化的缩影。但若我们延展时间的广度，仔细地审视上海这座超级大都市，我们会发现古往今来，还有成千上万座桥梁默默支撑起这座城的骨架，维系着城市的运转，使上海成为名副其实的桥梁之都。

意大利的威尼斯有 400 多座桥；德国的汉堡有 2500 多座桥；我国的绍兴竟然有 10000 多座桥。而上海究竟有多少桥呢？又有着什么样的故事？这就是本书想要告诉你的。

—CITY LANDMARKS

上海的桥知多少

HOW MUCH DO YOU KNOW ABOUT BRIDGES IN SHANGHAI

我国江南地区水网密布，气候多雨。
地处东海之滨的上海，
市域内河道稠密，水系发达。
上海境内水域面积达 649 平方公里
（不含长江水面和沿海滩涂），
河湖水面率为 10.24%。

水多，桥自然也多。根据路政部门统计，
2021 年时，上海共有桥梁 14497 座
（其中城市桥梁 3045 座，公路桥梁 11452 座）。
也许单看这一数字还不能直观地
体现上海桥梁之多，若计算一下桥梁的分布密度，
则上海达到了每百平方公里拥有 228 座桥之多，
不但位列国内城市排名的第一，
在世界城市之中也是令人瞩目的，
不愧是名副其实的"桥梁之都"。

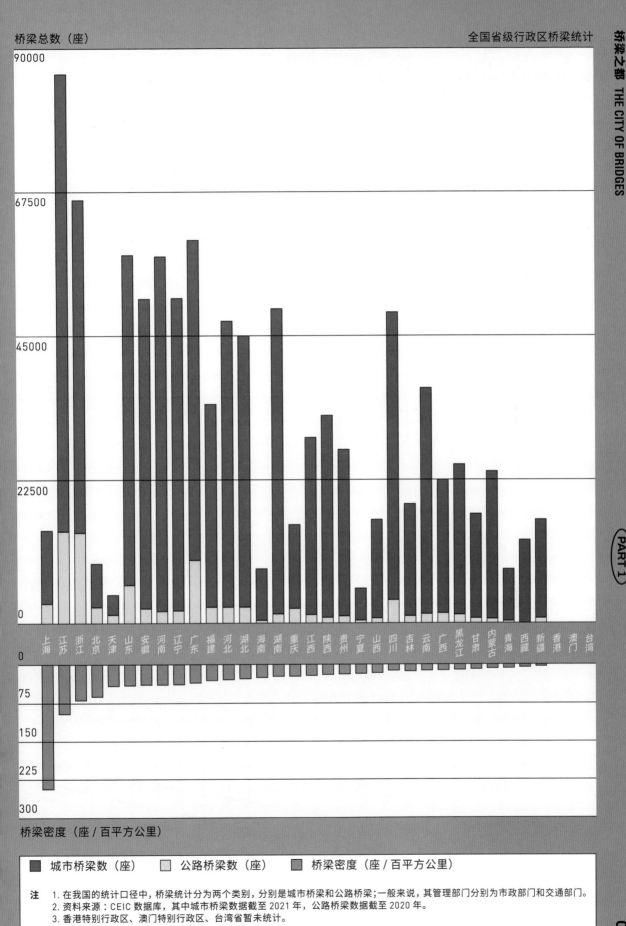

桥梁总数（座）

90000

67500

45000

22500

0

上海　江苏　浙江　北京　天津　山东　安徽　河南　辽宁　广东　福建　河北　湖北　海南　湖南　重庆　江西　陕西　贵州　宁夏　山西　四川　吉林　云南　广西　黑龙江　甘肃　内蒙古　青海　西藏　新疆　香港　澳门　台湾

0

75

150

225

300

桥梁密度（座 / 百平方公里）

■ 城市桥梁数（座）　□ 公路桥梁数（座）　■ 桥梁密度（座 / 百平方公里）

注　1. 在我国的统计口径中，桥梁统计分为两个类别，分别是城市桥梁和公路桥梁；一般来说，其管理部门分别为市政部门和交通部门。
　　2. 资料来源：CEIC 数据库，其中城市桥梁数据截至 2021 年，公路桥梁数据截至 2020 年。
　　3. 香港特别行政区、澳门特别行政区、台湾省暂未统计。

上海之最

上海最宽的桥
〔成都路桥〕
宽度
55.5
米

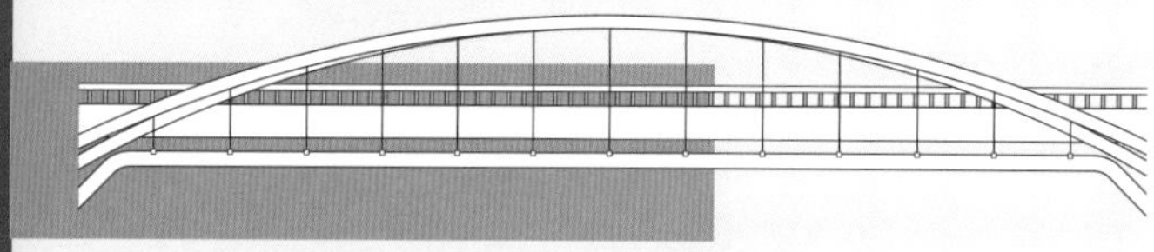

上海最高的桥
〔徐浦大桥〕
结构高度
217
米

上海 "扎根" 最深的桥
〔昆阳路越江大桥〕

基础桩长
70
米
相当于
25
层楼房

THE GREATEST ———

上海现存最老的桥
〔松江方塔园 望仙桥〕

始建于南宋绍兴年间
1131-1162

上海车流量最大的桥
〔杨浦大桥〕

2019 年数据
11.6
万辆 / 日

上海跨度最大的桥
〔闵浦大桥〕

跨度
708
米

上海造价最高的桥　　总投资
〔东海大桥〕
70
多亿元

上海最长的桥　　全长
〔东海大桥〕
32.5
公里

—— IN SHANGHAI

上海桥梁——时间线

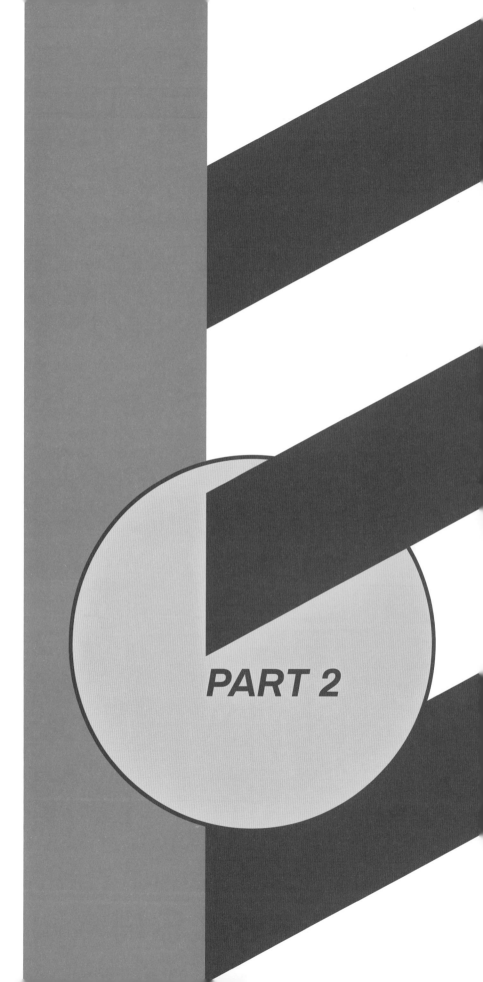

PART 2

TIMELINE OF SHANGHAI BRIDGES

上海
桥梁简史

BRIEF
HISTORY
OF
SHANGHAI
BRIDGES

| | **1700 多年前** | **1131—1162 年** | **1267 年** | **1335—1340 年** | **1465—1487** |
| | | ● 绍兴年间 ● | ● 咸淳三年 ● | ● 后至元年间 ● | ● 后成化年间 ● |

先民的桥

先祖在这片水网密布之地的筑桥实践痕迹，因历史久远而湮灭不可考

山门桥

三国时期的吴国在今嘉定安亭镇一座菩萨寺前建了一座山门桥，不过就是把石梁架在水上，但比起一块石板，山门桥有了桥墩支撑，具备了桥的雏形

> 上海迄今第一座有文字记载的桥

望仙桥

位于松江区方塔园内，石板梁桥，距今 800 多年，是上海独一无二的典型宋代梁柱式木石结构桥，故又名宋桥

> 上海境内现存最古老的石梁平板桥

普济桥

位于金泽镇南，石拱桥，是江南水乡小型宋式桥的珍贵实例

> 上海保存最古老的石拱桥

迎祥桥

位于金泽镇南，结构形式为连续桥面简支梁桥，是罕见的元桥实例

跨塘桥

始建于宋代，改建为石拱桥，为松江地区最一座桥

| 上古时期 | 三国时期吴国 | 南宋 | | 元 | |

| **1878 年** | **1879 年** | **1885 年** | **1897 年** | **1899 年** | **1903 年** |
| ● 清光绪四年 ● | ● 清光绪五年 ● | ● 清光绪十一年 ● | ● 清光绪二十三年 ● | ● 清光绪二十五年 ● | ● 清光绪二十九 |

里摆渡桥

又称"白大桥"，历经 1883 年、1892 年两次改建，为四川路桥的前身

老垃圾桥

步行木桥，1887年因原桥损毁重建，因靠近租界区的生活垃圾码头，故得名老垃圾桥，为浙江路桥的前身

盆汤弄桥

六孔木桥，为山西路桥的前身

新闸桥

在金家湾新闸基础上，模仿西式桥型将吊桥改建为平桥

泥城桥

位于今西藏路处，为西藏路桥的前身

汇通桥

木桁架桥，位恒丰路桥处，"舢板厂桥"，根路桥"，分1917 年、192重建，为恒丰的前身

| 第一波木质"洋桥" | | | | | |

1953 年

长寿路桥

位于苏州河上的钢筋混凝土桥，建成后大大缓解了河西普陀区与河东闸北区之间的交通压力。1987 年上海新客站建成后，长寿路桥成为重要交通干道。1997 年对老桥进行了拓宽改建

1956 年

武宁路桥

原本为连接普陀区苏州河南北两岸的要道，后于 1967 年改建，随着城市交通压力的增大，2000 年上部桥梁结构被拆除扩建

1964 年

真北路桥

1964 年拆除"真北路一号桥"，改建为钢筋混凝土单悬臂梁桥，因靠近北新泾，又名"北新泾桥"。1992 年配合真北路调整再次改造

1969 年

江宁路桥

钢筋混凝土桥梁，主梁 36 米，全桥二十五孔，曾为市区桥梁之最，2012 年被拆除重建

1971 年

宝成桥

由原木桥改建为钢筋混凝土人行桥，为苏州河上唯一的双曲拱桥。2009 年，政府为迎接世博会对桥梁进行了景观改造

1972 年

华江路桥

钢筋混凝土双曲拱桥，又名华江大桥，于闵行、嘉定两区交界处跨越苏州河。经多年使用，桥梁结构毁坏较严重，1988 年被列入危桥，列项重建，重建为预应力混凝土悬臂梁桥

1974 年

昌化路

所在地原为渡口，曾□□□□行桥，19□□□□建为钢筋□□□承式拱肋□□□苏州河上□□□此类型桥□□□2001 年改□□

2004 年

西藏路桥

现今西藏路桥为 2004 年重建，结构形式为钢筋混凝土悬臂梁桥

2004 年

中环线
真北路桥

2000 年起上海建设中环高架桥，在建造苏州河高架桥的同时，对原真北路桥进行了系统改造，将其由原来的一座桥改成两座桥——中环真北路南向北桥和中环真北路北向南桥。2004 年，中环线真北路桥建成

2006 年

古北路桥

位于普陀区、长宁区交界处，跨苏州河，是车辆进出沪宁、沪杭高速公路的一条主要通道，也是连接铁路上海西站、南站的道路客运走廊

2007 年

镇坪路桥

钢筋混凝土梁桥，位于江宁路桥和武宁路桥之间，它的建成缓解了普陀区与静安区之间的跨河交通压力

2008 年

祁连山
南路桥

钢筋混凝土三跨连续梁桥，北接普陀区祁连山南路，南接长宁区淞虹路

2012 年

江宁路桥

2012 年初，老江宁路桥被拆除，同年年底新桥建成通车。主桥采用三跨钢箱梁结构，引桥采用预应力钢筋混凝土现浇连续梁

1976 年

松浦大

黄浦江上□□桥，改造□□江上第一□□桥"

苏州河上的桥

五千古桥
江南水

28〔座〕 嘉定
区内古桥总数

15〔座〕 宝山
区内古桥总数

134〔座〕 青浦
区内古桥总数

3〔座〕 市区
区内古桥总数

77〔座〕 浦东
区内古桥总数

22〔座〕 松江
区内古桥总数

37〔座〕 闵行
区内古桥总数

130〔座〕 奉贤
区内古桥总数

60〔座〕 金山
区内古桥总数

上海究竟有过多少古桥？专家估计，少说也有5000座。有可并行5匹马的"云间第一桥"——松江跨塘桥，有世所罕见青砖楠木构建的元代青浦迎祥桥，有目前上海唯一七孔石梁桥——金山济渡桥……"江南桥乡"的上海，曾经"出门即过桥""人家尽枕河"。只是5000座古桥中，留存至今的只是其中一小部分，据"上海市不可移动文物名录"记载，现存的文物古桥共有506座，其中被列为市级和区级文物保护单位的有95座。

上海区划	列入文物保护单位的桥梁数量／座	古桥总数／座	占比／%
青浦	30	134	26.48
嘉定	14	28	5.53
奉贤	15	130	25.69
金山	9	60	11.86
闵行	10	37	7.31
松江	10	22	4.35
浦东（川沙、南汇）	5	77	15.22
宝山	2	15	2.96
市区	0	3	0.59
总计	95	506	100

曾经古桥
今何在

在人们的印象中，上海是在近代才逐步从一个小渔村发展到如今的大都市的，然而一系列古文化遗址的发现，把上海的人类居住史推到了6000多年前。据考证，早在六七千年前，在长江和海水交互作用下，上海地区的西部发育出上海的古海岸线"冈身"。"冈身"是一道"西北—东南"走向的贝壳砂堤，宽数公里，高出地面几米，是古海岸线的沉积标志，它纵贯了现在上海的嘉定、青浦、松江、闵行、金山五个区。随着"冈身"形成，上海的海岸线逐渐稳定下来。它的西边逐渐变为淡水沼泽沉积地域，随后便有人类居住；而它的东边，海岸线慢慢东移南进，汉唐以后直至近现代才逐步成陆，形成了现在的市区和浦东。

上海地区有200多座历史古镇，这些古镇傍水而建，因此也是桥梁建设集中之地。上海的古桥分布随着朝代的推移，循着成陆次序，伴着先民居住领地的发展，也逐步由西向东、由北向南慢慢扩散开去。这就是大部分上海现存古桥分布在青浦、嘉定、奉贤、金山和松江等区的原因。

淞北冈身
1 浅冈
2 沙冈
3 外冈
4 青冈
5 东冈
淞南冈身
1 沙冈
2 紫冈
3 竹冈
4 横泾冈

图例 ... 7000-6000年前海岸线 / 西周 3000年前海岸线 / 魏晋 1700年前海岸线 / 北宋 1000年前海岸线 / 730年前海岸线 / 明代 600年前海岸线

上海市测绘院编制 2022年8月 审图号：沪S(2022)46号

架梁为桥

上海最早的桥，如今埋在地下。

早在1700多年前，在三国时期魏国名士阮籍还"因大江歧路拦阻而大哭"之前，三国时期的吴国在如今的上海建造龙华寺的同时，也在今嘉定区安亭镇一座菩提寺的山门前造了一座山门桥。说是桥，其实就是把石梁架在水上，长不过3.5米，宽不过2.7米。不过，相比毫无支架的一块石板，这座有籍可考的"第一桥"已有了桥墩支撑，这一变化是人类造桥史的一大飞跃。

只可惜，岁月变迁，全桥埋入了地下。

两墩架一梁，成为人类史上最简洁、最经典的造型，这就是"梁桥"。

上海现存最古老的桥之一，就是一座"梁桥"。

在今天的松江方塔园内，有一座宋代石板桥，名叫"望仙桥"，这是一座单孔石梁平桥，桥面仅7平方米。桥外形朴实、结构简练，桥面呈拱形，线条十分流畅。它乍看十分普通，其实始建于南宋绍兴年间（1131—1162），距今已有800多年了。

松江方塔园平面示意图

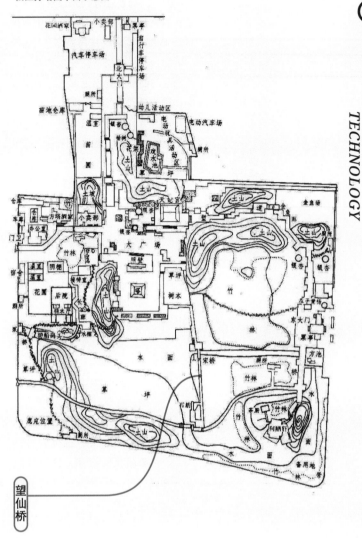

望仙桥

梁桥

梁桥是一种横跨在两端支架上的水平结构，这种桥在结构上是众多桥梁种类中最简单的一种。简支梁桥的单跨跨度是桥墩中心线的水平距离，桥面自重和载重会令架空的横梁产生弯曲甚至断裂，因此跨度大小是决定梁桥跨越能力的关键因素之一。

为跨越而生的结构

　　架桥的目的，就是为了跨越，如从 A 点到 B 点。如何衡量跨越能力的大小，就看跨度的长短，桥梁的发展使得 A、B 间的距离可以越来越大，而这一进步，归功于结构形式和材料的进步。总的来说，从 A 到 B，有三种跨越方法，分别是：上凸形成压力结构；下凹形成拉力结构；以及最简单的两点间的一条直线。

▼ 梁桥的力学简图

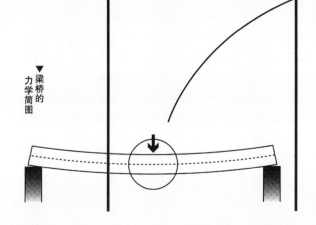

▶上海现存
最早的桥——望仙桥

简图

力学

梁桥的

▶拱桥的
力学简图

▲上海最早的
石拱桥——普济桥

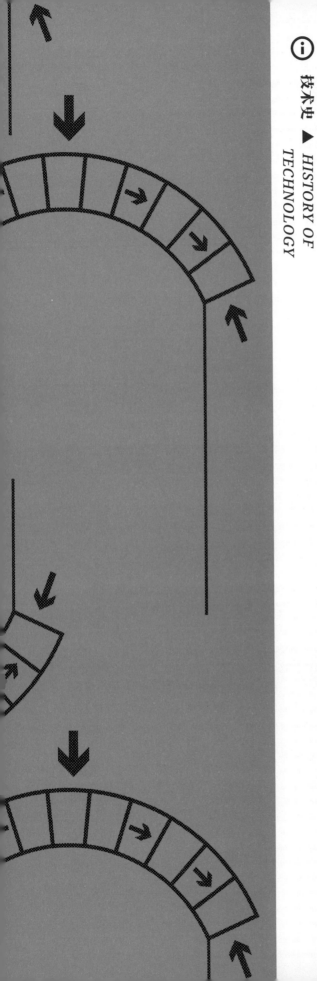

拱桥

有人认为，拱桥是学习自然界溶洞式石脊的产物。

从将整块石梁开一个洞，到用砖石砌成拱桥，这是工程技术史上的一大进步。

最早出现的拱桥是石拱桥，借着类似梯形石头的小单位，将垂直方向的桥本身受到的重力和加诸其上的载重压力，水平传递到两端的桥墩，各个小单位互相推挤时也增加了桥体本身的强度。

ⓘ 技术史 ▲ *HISTORY OF TECHNOLOGY*

上海第一桥

水乡的拱桥

我国桥梁专家唐寰澄先生曾说："上海桥之古，当推普济桥。"

这座有"上海第一桥"美誉的普济桥建于南宋咸淳三年（1267 年），至今已有 750 余年。普济桥为单孔圆弧形石拱桥，全长 26.7 米，拱跨 10.5 米，宽 2.75 米。它的样子是不是有点像我们都熟知的赵州桥？没错，这座南宋的名桥，与同时期的其他石拱桥一样，都极力效仿隋代安济桥（赵州桥）的拱桥结构。这种弓形弧拱，券形为椭圆弧线，跨度大而矢高低，既比半圆形拱省工省料，又比半圆形拱的坡度低，平坦易行。不过，建造这种桥型需要相当高超的技术水平，当时上海的工匠已经能得心应手地建造起这座桥，说明当时建桥水平已经相当高超。据记载，这种桥梁结构比欧洲早了 700 年之久。

中国石拱桥可以根据拱的特点，大致分为敞肩圆弧拱、厚墩厚拱和薄墩薄拱三种。

敞肩圆弧拱以赵州桥和普济桥为代表；厚墩厚拱的代表是北京的卢沟桥；江南包括上海地区的明清两代桥梁大多是薄墩薄拱。

在北方，河水大都具有季节性涨落的特点。夏季汛期河水流速大，对桥墩冲刷严重，冬季虽水浅，但有流冰现象，故要求桥墩厚重，并设有分水尖和破冰棱，甚至避免在水中修桥墩。北方交通历来以陆行为主，依靠车马，载重较大，桥道平坦，除敞肩圆弧拱石拱桥外，大多采用多孔联拱石桥，拱石较厚。

而在江南地区，这一带水网贯通，属潮汐性河流，水位比较稳定。历来交通运输依靠船只，陆上运输有肩挑而无车运，所以桥上载重较北方轻，而桥下净空由于要考虑通航船只所以要求较高。一般拱顶高耸以利通航，桥面以坡道上下，形成驼峰式桥梁。河床土质松软，石拱桥要节约用料，减轻重量，同时又能适应一定限度的不均匀沉陷。所以南方石拱桥都夯打大量小木桩以加固土壤，采用薄墩薄拱以减轻重量。

拱桥的拱形

ⓘ 技术史 ▶ HISTORY OF TECHNOLOGY

▲圆形拱

▲扁形拱

拱桥有很多种拱形，最具代表性的是圆形拱和扁形拱。

圆形拱有一大优点，就是在支座上只产生垂直反力；而扁形拱会在支座上同时产生水平反力和垂直反力。

江南的薄壁拱桥

上海的石拱桥无论单孔还是多孔，都属于薄墩薄拱类型。

这里有一个概念叫作墩孔比，即桥墩厚度与拱桥跨径的比值。18世纪法国桥梁大师贝龙（Jean Perronet, 1708-1774）曾经从理论上证明过拱桥的墩孔比可以做到1:10至1:12，欧洲各国在贝龙理论诞生后，才逐步改变了千年以来做厚墩的习惯，开始修建薄墩拱桥。殊不知在贝龙理论诞生的200年前的明隆庆五年（1571年），上海青浦朱家角已建成了放生桥，墩厚与最大跨径之比已经达到了1:16，是多孔薄墩拱桥中最小的。

▶ 古罗马拱桥

▲ 上海朱家角的放生桥

《清明上河图》中的桥

1999 年，金泽镇建造了一座木桥，它的样子大家一定都很熟悉，就是北宋名画《清明上河图》中心的那座桥。这种桥型在历史上又叫"虹桥"或者"飞桥"，它不是一般的木拱桥，而是世界上独一无二的中国创造的桥梁。

它是一种用木料穿插搭架起来的木拱桥，用绳子捆绑，可以不用铁钉。桥上横铺木板，再加上栏杆，坚实可行，解决了河中不用桥柱的问题。这种杆件系统的木拱，世界上唯中国独有，并且独具体系。它兴起于北宋，随着北宋皇室搬到南方，北方这些木拱后来都损坏不见，但这种桥型流传到了南方并有所改进，桥面平坦，上可建桥屋。现浙江、福建山区仍有多座这种结构的古桥。

这种桥的结构可以用火柴棍自己搭建起来，不信可以照图试一试。

▲ 金泽镇上复建的汴水虹桥——普庆桥

互承结构

互承结构是一种构造独特的三维格架结构，其特点是每根构件都被相邻构件支承，同时又支承相邻构件，即构件之间以一种递推的方式相互支承，因而在几何上和结构上均无主次层次可言，形成一种富于韵律的建筑美。

苏州河上几多桥

HOW MANY BRIDGES ARE THERE ON SUZHOU RIVER

时间来到了 19 世纪中叶，鸦片战争之后，上海正式开埠。

随着列强的入侵，租界的辟建，

上海成为东西方文化交流的前沿阵地。

各国列强为了自身利益，在黄浦江边建楼，在苏州河上架桥。

与此同时，随着工业革命的爆发，桥梁建设也迈入了近代，

科技水平大有提高。首先，随着新材料的使用，桥梁进入钢铁时代；

其次，随着结构理论的发展，桥跨和造型都有了飞跃。

于是，西方国家先进的近代筑桥技术作为"副产品"，

也随之输入国内。首先在上海市区出现了钢桁架桥和

钢筋混凝土桥，这是桥梁史上新的突破。

古桥日渐被淘汰，苏州河成了新式桥梁的展览场。

苏州河的由来

苏州河是由松江——吴淞江演变而来。

源于太湖瓜泾口的松江在唐宋两代流量丰沛，江面开阔，被称作太湖的"正脉"。宋代时，为了提高松江泄洪与蓄水的能力，曾沿松江而下，每隔10公里左右疏通开挖一条支流，这种支流统称为"浦"。由于松江是东西流向的，所以浦大多为南北流向。现在上海市区还有桃浦、彭浦等地名。据宋人《吴中水利书》记载，松江共有36浦，最下游的便是上海浦和下海浦。南宋末年，上海浦的西岸形成了一个小镇，以浦得名上海镇，它就是上海老城厢的前身。

元代时，松江改称吴淞江。那么，吴淞江后来为什么改称苏州河呢？

说来也许令人难以置信，把吴淞江改名为苏州河的不是中国人，而是英国侨民。时间是在鸦片战争之后，上海被辟为全国五大通商口岸之一，被迫划分租界，外国侨民大量涌入。他们根据此河可达江南丝织手工业中心——苏州这一点，把这条河称为苏州河。习惯成自然，之后人们就把吴淞江在上海市区境内的河段称为苏州河了。

这就是苏州河名称的由来。

▶ 上海租界地图

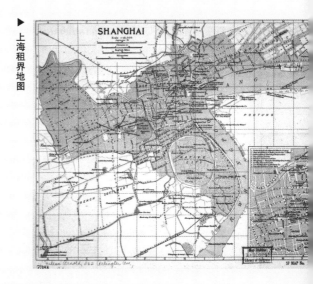

苏州河桥梁的变迁

自古以来，有河必有桥，可是在相当长的一段历史时期，吴淞江——苏州河上没有一座桥，来往只能靠摆渡。自东到西有外摆渡、头摆渡和二摆渡等主要渡口，最多时有摆渡口 22 处。

明代时，曾任户部主事的海瑞对吴淞江进行疏浚，为阻止海潮倒灌，在今天的福建路附近修建了一道石闸，清康熙年间，又重修了此处石闸。闸上有桥，可通行人。如果把这座石闸看作闸桥的话，那这大概就是苏州河上最早的桥了。

1843 年上海开埠以后，随着外国租界的出现与扩张，出于交通往来的需要，苏州河上陆续架设起了一些桥梁。直至 1949 年上海解放，历经 100 多年，共建主桥 14 座，分别为清政府、民国政府和外国殖民者所建，多为木桥，少有钢桥。

中华人民共和国成立之后，对之前所造桥梁进行了全面大修、改建或重建。

旧上海的畸形发展，直接影响了苏州河上桥梁的分布，出现了桥梁分布极不平衡的状况。以恒丰路为界，东面 3.6 公里的河道上有桥 11 座，而西面至中山路的 9.35 公里河道上却只有 5 座木桥和 1 座铁路桥。

沪西是传统的老工业区，也是上海工人集居区，人多却桥少，生活和出行多有不便。从新中国成立到 20 世纪末的 50 年间，政府在沪西地区新建桥梁 10 余座，这一时期也是苏州河桥梁建设的鼎盛时期。

▲ 1962 年的苏州河

▲ 20 世纪 20 年代两岸的码头仓库

外白渡桥

外白渡桥，听上去总觉得熟悉，像是从旧上海的氤氲云烟中浮现出的某个地方。这座位于苏州河与黄浦江交汇处的钢桁架桥，在 20 世纪初由西方人设计和建造，它亲眼见证了一座中国城市的百年历史。1994 年，外白渡桥成为第二批上海市优秀历史保护建筑。如今，它依然作为连通虹口与黄浦的交通要道为这座城市发挥余力。

清代以前，上海人多集中在老城厢一带，往来吴淞江（后来叫苏州河）的人相对较少。那时候，吴淞江上只有一座建于雍正年间的闸桥，往来两岸几乎全靠摆渡，自东向西有外摆渡、头摆渡等几十个渡口。

1843 年上海开埠后，各租界相继成立，河两岸的贸易往来增加，原来的渡口和闸桥不敷使用。1856 年，一个在怡和洋行工作的英国人威尔斯组建了"苏州河桥梁公司"，在当时外摆渡口的位置建造了一座木桥，称"威尔斯桥"，成为苏州河上第一座正规桥梁。这座桥长 137.16 米，宽 7.01 米，靠北岸的一侧采用吊桥结构，方便船只通行。只是这座桥的建设初衷是牟利，华人过桥需缴税。同时，因为缺乏维护，桥基没过几年便开始腐烂。

1873 年，上海公共租界工部局在威尔斯桥以西数米处建造了一座木浮桥。该桥长 117.35 米，宽 12.5 米。由于免收过桥税，可"白渡"苏州河，于是逐渐有了"外白渡桥"的名字。1886 年，位于外滩北端的公园开放，于是与之相邻的外白渡桥也被称作"公园桥"。

19 世纪末期，汽车、电车等新型交通工具开始出现，木质的公园桥不能满足交通流量的荷载要求。于是，工部局决定新建一座铁桥来代替公园桥，并在报纸上招标。最终，新加坡的霍华思·厄斯金公司（Howarth Erskine Ltd.）的两跨不等高钢桁架桥方案从 17 个方案中胜出。桁架中使用的钢构件由英国克利夫兰桥梁工程公司在英国制造，后运至上海安装。

外白渡桥新桥工程经数次推迟，终于在 1906 年 8 月打下第一根木桩。不料，制成铁壳、浇好桥墩之后，这些木桩却无法拔出，工程被迫停了下来。工部局登报招标，以求解决办法，上海建筑工程界的高手纷纷前往观看，却都一筹莫展。这时有一位年轻人自告奋勇，把这项工程大胆承接下来。

而一举成名。后来，他更是承接了南京中山陵的一期工程，成为 20 世纪初我国工程建设上的能人。

新桥在 1907 年 12 月落成，翌年 1 月 20 日正式通车。新桥桥面宽 18.26 米，其中车行道宽 11.06 米，上面铺设有电车轨道，两侧为宽 3.6 米的人行道。这座桥就是今天的外白渡桥。

外白渡桥是一座全钢结构桁架梁桥，上部结构为下承式简支铆接钢桁架，下部结构为木桩基础钢筋混凝土桥台和混凝土空心薄板桥墩。桥有两孔，每孔跨径 52.18 米，通航净宽 50.90 米，桥长 106.7 米，车行道宽 11.2 米，载重量为 20 吨。

在建造外白渡桥的时代，桁架结构正发展到相对成熟的时期。桥面被设计成两段，长度相同，桁架相应也有两个，彼此完全对称。为了保障跨度，设计者增加了桁架中的竖杆，即今天的节间数量。因此，外白渡桥的节间有 11 个，每节长 4.744 米。同时竖杆的高度互不相同，中间最高的是 9.144 米。这种形式的桁架几乎是最节约材料的。在此基础上，设计者或许也考虑到了桥身作为景观的特质，使南北两段桥身轻轻搭在河中央稍高于两岸的桥墩上，整体呈一个微小的弧，沉稳中透着一丝轻巧。

他的办法是在退潮时，将一艘艘空船捆牢在木桩上，等到涨潮时，随着水涨船高，利用船的浮力把深扎江底的几十根木桩全部拔起，一时成为沪上传奇。这位年轻人名叫姚锦林，他因"智拔桥桩"

桁架的发明

前面我们讲到梁的受弯，后来人们发现，梁的截面高度越高，跨越能力就越大。但与此同时，梁的自重也大大增加，尤其对于石材这种自重大的材料来讲，一味增加梁高，梁最终会因为无法抵抗截面下方的拉伸应力而产生断裂，因此跨度受到大大局限。

人们同时注意到，一根梁的下部拉伸，上部压缩，中部材料不怎么承担工作，并且越是把材料集中在远离中间轴的上下两侧，抗弯能力就越强，中间冗余的材料可以大幅度减掉以减轻自重，于是桁架出现了。桁架是一种由杆件连接而成的框架，基本单元是三角形。通过将多个三角形进行组合，可以构成不同型的大框架。这些杆件主要承受轴向的拉力或者压力，位于边缘的往往受力较大，而位于中间的则受力较小，这样，梁的受弯问题又转化为了拉压杆件的组合受力问题。

古代的人们很早就发现了三角形的稳定性原理，并发明了三角桁架，广泛应用在古代建筑的木质屋盖中。三角桁架与梁、拱一样，是古代建筑实现跨越的主要方法之一，且不会像拱那样对支座产生推力。

钢桁架桥

桁架是一种由杆件连接而成的框架，基本单元是三角形。通过将多个三角形进行组合，可以构成不同类型的大框架。这个大框架看上去给桥增加了负重，实际上却可以通过杆件分配荷载，桥面就不用承受过大的力。这些杆件主要承受轴向的拉力或者压力，位于边缘的往往受力较大，而位于中间的则受力较小。桁架只是受力的构件，不能代表受力的方式。根据结构形式的不同，桁架可以像梁一样，传递弯矩和剪力，也可以像拱一样，传递弯矩和压力。不过，相比于传统拱桥或梁桥，桁架桥自重轻，且跨越能力大，常用于建造大跨度的桥梁。

现在普遍认为，桁架起源于 16 世纪，意大利建筑师帕拉迪奥用木材建造了一些桁架，然而未得到充分的重视，几乎没有流传。18 世纪工业革命以来，钢和混凝土等新材料出现，代替了易腐烂的木材，桁架这种结构因此有了发展的机会，开始大量出现在屋架或桥梁中。其间，桁架的形式也不断演化，从简到繁再回到简，过程中不断去除低效率的杆件，提炼出最经济、有效的结构。

浙江路桥

　　苏州河上有两座桥竟然以"垃圾"命名。第一座垃圾桥在浙江路，习称"老垃圾桥"；第二座在西藏路，习称"新垃圾桥"。它们的得名都是因为此桥与垃圾搬运有关。

　　老垃圾桥就是今日的浙江路桥。

　　本来，英租界最早西侧以河南路为界。但是，运送租界的粪便及生活垃圾的码头，并不在当时的租界之内，而远在 750 米以外的浙江路附近。因此属于中国辖区的浙江路，就成为英美租界倾倒垃圾之处。浙江路桥也因此被称为垃圾桥。

　　浙江路桥也是一座钢桁架桥，长 61 米，宽 14.81 米。桥的上部结构为鱼腹式钢桁架结构，下部结构为木桩基础的重力式桥台。浙江路桥于 1906 年建成，如今已有 110 多年的历史。浙江路桥是苏州河从外白渡桥过来的第六座桥，知名度远远不如"大哥"外白渡桥，其实它也是一座国宝级桥梁。

　　它是目前苏州河上仅存的两座钢结构老桥之一。它的鱼腹式简支钢桁架梁为国内仅有，即使在世界范围内，现存也不多。浙江路桥的钢桁架结构中有腹杆、斜腹杆、上下弦等，从侧面看，整个桥身像一条剔除了鱼肉的鱼骨架，外观上比较漂亮。其实这样的设计还有桥梁受力的考虑。由于上下弦之间，中间大两头小，桥梁中间部位受力最大，这种形式使中间的桁架拉高，桥梁中间的抗弯效果比较好。可以说，浙江路桥的结构造型兼顾了受力和美观，体现了美观与实用的结合。

Chekiang Road Bridge in Shanghai.

▲ 浙江路桥夜景

混凝土桥的出现

虽说钢桁架桥使近代造桥水平有了巨大的、飞跃性提升，但在 20 世纪初，钢材还是一种稀缺且昂贵的材料，并且为了防止钢结构被锈蚀，钢桥落成后还需要诸多日常性的维护。20 世纪 20 年代，钢筋混凝土技术开始在国内得到应用，国内各大城市的新建桥梁纷纷采用了性价比更有优势的钢筋混凝土桥。之后苏州河上的新建桥梁也渐渐以钢筋混凝土为主要材料，结构类型采用悬臂梁桥，不过其中大多数桥在新中国成立后都得到了改建，目前唯有四川路桥和乍浦路桥依旧适用至今，与外白渡桥和浙江路桥一道成为苏州河上历史最悠久的四座桥。

四川路桥

四川路桥桥址原为二坝郎渡口，1878 年，工部局在此建造了一座宽约 3.66 米的木桥，名为"里摆渡桥"，又称"白大桥"。1922 年，号称"远东第一"的上海邮政总局大厦开始兴建，该桥被拆除，改建为钢筋混凝土悬臂梁桥，故名"邮政局桥"，1943 年改名为四川路桥。

这是一座具有典型欧式风格的桥梁，外形线条流畅优美，细部刻画精致，桥身、桥墩、灯柱都有着典雅的装饰，使得桥梁整体与河两岸的古典欧式风格建筑十分协调。

乍浦路桥

乍浦路桥的前身为二摆渡桥，1927年，该木桥被拆除，改建为钢筋混凝土悬臂梁桥，并以乍浦路路名命名。

它的长度、形式乃至跨度均与四川路桥相当，不过外观上比有着众多精美细部装饰的四川路桥朴素了不少。它看似普通，平淡无奇，实际上却是一座文化名桥。

乍浦路桥南的香港路、虎丘路路口，曾是上海第一座西式戏馆——兰心大戏院的所在地。1913年初夏，郑正秋与张石川在乍浦路桥南的香港路的一块空地上，拍摄了我国第一部无声电影故事片《难夫难妻》，之后乍浦路桥周围的海派风情常常被电影人取景。20世纪80年代，美国导演斯皮尔伯格的电影《太阳帝国》也曾在此取景。

（i）技术史 ▶ HISTORY OF TECHNOLOGY

钢筋混凝土的应用

进入19世纪后，建筑材料与技术发展迅猛。钢筋混凝土逐渐从房屋建筑领域延伸应用到桥梁建设中，成为后来广泛应用的新型建桥材料。1875年，法国人莫尼埃建成第一座跨度16米的钢筋混凝土梁桥。第一次世界大战后的20世纪20年代，美国率先出现了兴建高速公路和城市交通基础设施的高潮，推进了钢筋混凝土技术的大范围应用。

消失的桥

本节特邀作者｜徐明

PART 2

上海，这座城市名字里就有"三点水"，注定了从诞生之日起就与水结缘。历史上的上海曾经是阡陌纵横，舟楫帆影，河浜密布，小桥流水。随着上海开埠，城市发展，许多小河浜被填没，许多桥梁也随之拆除，但依然给上海留下了自己的印记，让人不禁产生"昔人已乘黄鹤去，此地空余黄鹤楼"的感慨。今天我们就选取几座消失的桥，说说它们的往事。

枫林桥

上海最著名的河流就是苏州河（吴淞江）和黄浦江，除了这两条干流，历史上还有许多支流存在，其中最出名的就是肇嘉浜了。肇嘉浜原来是上海的一条河道，东接黄浦江，西连蒲汇塘，向西最远可以通航到七宝、佘山甚至达到松江县（今松江区），是古代流经上海县城的最大河流，也是重要的运粮河道。1847年，法国天主教会在徐家汇兴建教堂，修筑马路，将肇嘉浜与上游水源切断，使其成为无源之水，同时沿河道开设许多工厂。然而法租界没有污水处理系统，大量工业废水、生活污水都排放到肇嘉浜，同时江浙等地的难民也沿河道修建了大量简易窝棚用来居住，不断地向浜内倾倒生活垃圾。1880年后，肇嘉浜开始变脏、变臭、变黑，成为上海的"龙须沟"，是"脏乱差"的代名词。

1956年填浜筑路，更名为肇嘉浜路。也因此，肇嘉浜上的众多桥梁被拆除，有天钥桥、枫林桥、大木桥、小木桥、打浦桥等，留下了天钥桥路、枫林路、大木桥路、打浦路等路名。在上海的城市发展中，枫林桥是值得好好记一笔的。

1924年3月17日，在肇嘉浜南岸，新建造的江苏交涉公署落成，主管民国时期上海的外交事务（上海当时在行政上归江苏管）。

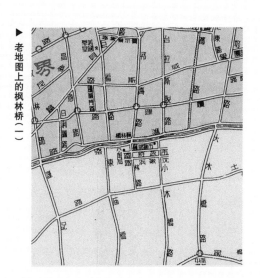

▶ 老地图上的枫林桥（一）

同一天，公署边的肇嘉浜上也建成了一座桥，花费了一万七千两白银，被命名为"丰林桥"。为什么叫这个名字？因为主要的筹资人是当时的淞沪护军使何丰林，相当于现在的上海警备区司令员。他是"上海王"吗？不是，何丰林头上还有一位浙江督军卢永祥，何丰林相当于第二人。他想在国际大都市上海留下自己的印记，造桥是一个不错的选择。不过何丰林的好光景并不长，同年9月爆发了江浙军阀之间的战争，浙江的卢永祥面对江苏的齐燮元，却没有想到福建的孙传芳突然从背后出兵偷袭，卢永祥兵败下野，何丰林也跟着上司一起黯然离开了上海。

1927年，北伐军进入上海。江苏交涉公署成为上海特别市政府所在地（现平江路48号）。年底，新的上海特别市政府将丰林桥改名为"市政府桥"，门前的丰林路改名为同音的"枫林路"，不过老百姓更习惯把桥叫作"枫林桥"。"枫林桥"附近不仅有上海特别市政府旧址，还有淞沪警备司令部旧址。枫林桥监狱曾是关押共产党人的大本营，赵世炎、陈延年等中共早期领导人都在此遇难。

1935年7月5日，上海市土地局在市政公报和各大日报上刊登公告，称内政部核准建设上海中山医院及上海医学院新校舍，依法征收枫林桥附近土地100亩（约6.67公顷），并附上详细清单。中山医院原计划是建造在法租界的（本来洛克菲勒集团计划捐献租界内的棒球场兴建中山医院）。后来为什么要改建在枫林桥呢？除了道路修整、空气清新、土地开阔、便于发展等因素，还有一些原因众说纷纭。有人说是法租界的阻挠，怕影响法租界里的广慈医院（现瑞金医院）；也有人说是上海市政府的全力争取；总之，这座当时远东规模最大的综合性医院在上海滩建立了起来，首任院长是著名的医学教育家颜福庆先生。

现在的枫林桥早就消失了，但中山医院依旧矗立，部分枫林路也已经成为医院的内街。

▶ 老地图上的枫林桥（二）

▶ 中山医院

斜桥与"斜桥"

说起来也蛮有趣的，老上海过去有两座斜桥，名字完全一样，只是一座斜桥在"上只角"，另一座位于"下只角"。那个时候如果你要坐黄包车，一定要讲清楚到底是去哪个"只角"，否则师傅就有可能拉错方向。

▶ 斜桥

斜桥一 这座斜桥位于现在徐家汇路、肇周路、制造局路、陆家浜路和方斜路这五条道路的交汇处。上图就是当时的老地图上斜桥位置。这里原来是肇家浜、陆家浜的交汇处。当时陆家浜以南有很多坟地，从县城出来扫墓很不方便。明弘治六年（1493 年），工部员外郎朱家法率人将此地木桥易为石桥。1923 年，河道淤塞。1926 年，河道被填没，桥也被拆除，桥名却被叫到现在，成为这一地区的域名。由于当时斜桥位于租界边界，所以有许多流氓地痞常驻此地，把这片地区搞得乌烟瘴气。这座斜桥位于上海的"下只角"，普通百姓大多也是避而远之的。

斜桥二 老上海县城西北方曾经有一条石家浜和慈浜（现在的慈溪路）相连，水清林密，景致宜人。河滨上有一座桥，因哪个角度看都是斜的，得名斜桥。上海开埠后，此处成为外国人谈情说爱的胜地，因而得名：LOVE LANE（爱情小道）。1879 年英国人福布斯在此地建立英国乡村总会，也称斜桥总会，有配套娱乐休闲设施，有网球场和迷你高尔夫球场，成为当时居住在上海的英国侨民聚会的好地方。太平洋战争爆发后，总会被日军占领，战后又成为美国总会，现在是上海电视台所在地。石家浜后来被公共租界填没，改名为斜桥路，现在是鼎鼎大名的吴江路休闲步行街。

当时斜桥附近有三家上海名门望族的府邸，分别是盛宣怀家（洋务派代表人物）、李凤章家（李鸿章五弟）和邵友濂家（上海道台，相当于现在的上海市市长），被称为斜桥李府、盛府和邵府。三家互相联姻，堪称上海版本的"红楼梦"。1916 年盛宣怀去世后分家，三家逐渐没落。后来因为修路，三家府邸被拆除，现在已消失。

► 太平桥

太平桥

　　太平桥的大致范围是：现在的济南路、顺昌路、自忠路和复兴中路一带，西边就是现在著名的新天地景区，北面就是中共一大会址。

　　最早的时候太平桥区域有一条"Z"形的打铁浜，在河浜东岸有一处厉坛，专门用来祭奠死者。每年的清明节、中元节（农历七月十五）和十月朝（农历十月初一），城里的官绅都会来厉坛祭祀，称为三巡会。为了方便交通，人们在打铁浜上建造起了一座桥。这座桥就被称为"太平桥"，取祈祷太平的意思。1900 年，法租界扩张到此地，厉坛被迁移，太平桥也被拆除，但地名却保留了下来。说是太平桥，其实也未必太平。1945 年 6 月 4 日，两架日军飞机在演习中相撞，其中一架坠毁于太平桥地区（现复兴中路 160 弄）的停云里，造成地面居民 61 死 38 伤，日军只管悼念自己的飞行员而对平民不闻不问，对于无辜者百姓来说，这是一场标准的飞来横祸。

　　新中国成立后，太平桥地区逐渐发展成为一个热闹的商业区，中药店、南货店、百货店、酱油店、照相馆、文具五金店、银行等店铺齐全，娱乐休闲有浴室、书场，还有两家戏

院——大同戏院和长城电影院（电影院位于太平桥的外围边缘，原名辣斐大戏院，是邬达克的设计作品，现在是某艺术中心）。不过要说最著名的，还是太平桥的吃——顺昌路当年是著名的太平桥小吃一条街，有几十个小吃摊，环境虽然一般，可是品种齐全，什么大饼、馒头、粢饭、豆浆、馄饨、面条、春卷、海棠糕、梅花糕、生煎、小笼包、蟹壳黄、田螺、血汤、白斩鸡、鸡粥、老虎脚爪（一种小吃）等应有尽有，夏天有刨冰冷面，冬天还有火锅涮羊肉，品种丰富价廉物美，深受欢迎，小吃街上人潮涌动，熙熙攘攘。在 20 世纪 80 年代，顺昌路复兴中路的转角处有一座丰裕点心店，这就是现在著名的丰裕小吃的鼻祖。当年小店隶属于卢湾区饮食公司下属的第六中心店，供应生煎、馒头、馄饨一类。当年的丰裕点心还是名不见经传，后来逐渐打出了名声，现在已经是连锁店在上海遍地开花了。

　　随着城市的整体发展，现在的太平桥地区已经变成了太平桥绿地，湖光树影，风景秀丽，商业区已经淡出，不过在复兴中路以南的顺昌路上还有一些老店仍保持着过去的小吃特色。

向大跨度桥梁迈进

STEP FORWARD TO THE LARGE SPAN BRIDGE

随着上海经济的恢复与发展，

大量年久失修和被战争损坏的桥梁得到了维修。

20 世纪 50 年代，我国开始学习苏联桥梁建设的经验，

推广装配式钢筋混凝土桥梁。

20 世纪 50 年代后期，

预应力结构施工工艺在上海桥梁建设中

得到广泛应用。

预应力桥

人类对预应力混凝土的研究已经有一百多年的历史，但将其用于桥梁结构工程还是第二次世界大战之后的事。

在混凝土中置入预先被拉伸的钢筋，钢筋如同被拉开的弹簧，自带强烈的收缩趋势，使整体结构中受压的混凝土先受部分压力，当桥上承受荷载时，外力抵消了一部分内力，可对混凝土的压力还在，混凝土不会产生裂缝，从而更好地保护钢筋，梁体便能承受更大的荷载，也更耐久。

中国的木锯在钢锯条的另一侧有绞绳，使用时用木条绞紧绞绳，便在钢锯条上预加了拉力，推拉锯木，钢锯条始终绷紧，这样人可以轻松使用锯子。外国的钢锯因为没有预加拉力，使用时如果锯片弯曲，就不能顺畅地锯木了。

预应力桥的尝试

　　钢铁无疑是建造大桥的首选材料，但它的造价昂贵，相比之下，钢筋混凝土更加便宜，但是修建钢筋混凝土梁桥，不仅桥跨太小，而且桥又笨重又不耐久。这时，有一项新的技术逐渐普及，这就是"预应力混凝土"技术，有了它的加持，大量物美价廉的公路和桥梁如雨后春笋般出现了。

连续梁桥

ⓘ

在简支梁桥的基础上，若要进一步提高跨度，可以把两跨或两跨以上的梁体接续起来，梁体不间断，前后的弯曲可以互相约束，整体性好，因此梁高可以减小，增大桥下净空，桥的承载力也得到大幅度提升，同时桥的跨度也可以更大。

几座简支预应力公路桥

1957 年，上海开始进行预应力混凝土结构在桥梁上的应用研究，同年建成了上海的第一座预应力混凝土桥——中新泾桥。

20 世纪 70 年代中期，随着预应力技术的不断进步，桥梁施工技术的不断发展，上海开始发展预应力混凝土连续梁体系。

1978 年建成上海第一座主跨 46 米、预应力混凝土变截面箱型连续梁桥——曹杨路桥。

1987 年又建成了主跨 55 米、三向预应力变截面连续箱梁的恒丰路桥。

1993 年建成了主跨达 90 米的单箱预应力混凝土连续梁结构的吴淞大桥。

PART 2

斜拉桥的准备

1956 年德国工程师 Dischinger 首创的现代斜拉桥取得了成功，并在德国得到了迅速推广。到 20 世纪 70 年代初，斜拉桥开始在欧美各国出现。中国的工程师从国外杂志中了解到了这一信息，一些有志气的工程师开始学习这种新桥型。在上海，也有人开始试建这种新桥型。

新五桥

这是一座由上海市政工程设计研究院设计的试验性斜拉桥，建于上海市郊松江的五库镇。桥主跨 54 米，三对拉索竖琴式布置。建成于 1975 年的新五桥现在看来其貌不扬，但却为后续斜拉桥的大展身手拉开了序幕。

泖港大桥

泖港大桥位于上海松江，是双塔主跨 200 米的混凝土斜拉桥，全长 391.8 米，双索面采用竖琴型布置，共有 11 对拉索，于 1982 年 6 月建成。

泖港大桥同样由上海市政工程设计研究院设计，这座大桥除了解决了松江地区交通不便的问题，还是日后建造跨黄浦江大桥的试验桥。

同济大学接受了泖港大桥的抗风研究任务，于 1979 年在四川绵阳 29 号基地进行了首次节段模型的风洞试验，成为我国桥梁风工程的起点。

斜拉桥的这些特点使其成为目前世界上大跨度桥梁的主要桥型。中国工程师从上海两座试验性斜拉桥的成功兴建中收获了信心，至此，上海市区黄浦江上一桥飞架的梦想即将实现。

► 泖港大桥（一）

▶  徐浦大桥（二）

跨越黄浦江

ACROSS THE HUANGPU RIVER

黄浦江——上海，

上海——黄浦江。

这似乎是一对可以互相替代的名词。

然而，它曾经给上海留下了一道深深的缺憾。

一条黄浦江，是都市和乡村的隔离带，是繁华与贫瘠的分界线。

在黄浦江上造桥，成为一代又一代上海人的梦想。

终于，这份梦想从 20 世纪 70 年代开始成为现实。

一座座横亘在黄浦江上的大桥见证了上海的历史性跨越。

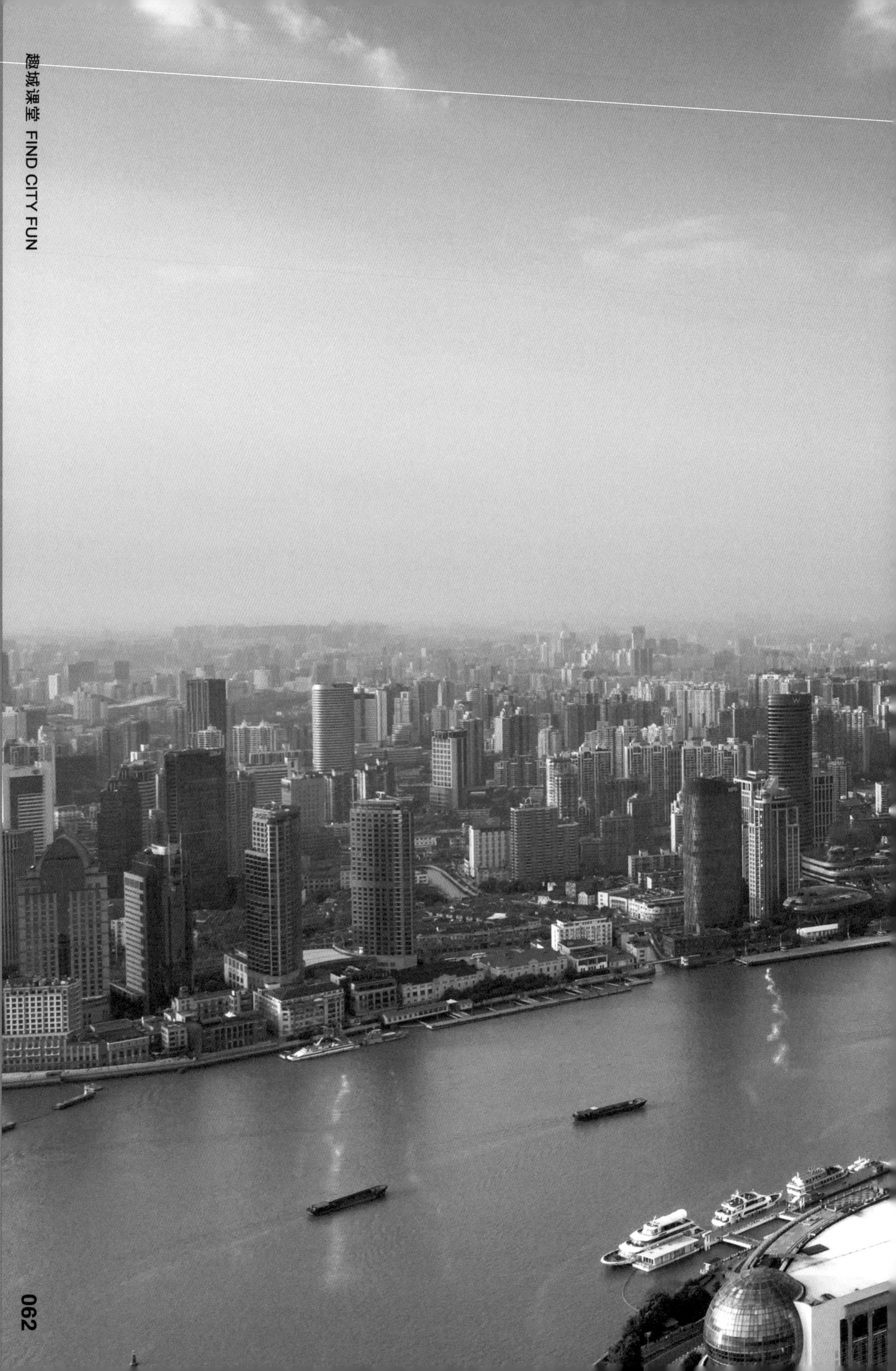

母亲河——黄浦江

黄浦江之于上海，犹如塞纳河之于巴黎，泰晤士河之于伦敦。

当你来到外滩，眺望浦东高耸入云的摩天大楼，恐怕很难想到，眼前这条壮阔的黄浦江在 800 多年前，不过是吴淞江的一条小小的支流，其水面宽度不过是"尽一矢之力"，也就是一支箭的射程罢了（约100 米）。

那么，黄浦江是怎样后来居上的呢？

元代时，有一条河流名为东江，沿东北方向在今天的虹口港以北汇入吴淞江，由此形成了吴淞江的支流黄浦江。以后，由于水利失修和垦殖过度，吴淞江的淤塞日益严重。明永乐年间，明成祖朱棣派户部尚书夏原吉对黄浦江和吴淞江做重大整治，挖淤开渠，使黄浦江成为太湖流域的总泄洪通道，水量越来越大，河道增宽了好几倍。而本来是黄浦江主流的吴淞江，反倒成了黄浦江的支流，是为"黄浦夺淞"。之后，不仅数百年间再无水灾，甚至重洋巨舰也能直驶上海城下，为上海的发展创造了前所未有的条件。

及至清代道光年间，上海港已经成为我国东南沿海的一大商港，上海县也成为我国江南的重要商业城市。

清末民初，青浦有位名仕陆士谔曾写过一本名为《绘图新中国》的小说。小说是作者做的一个梦，他梦见黄浦江上出现了一座令人惊叹的大铁桥，飞跨两岸。作者兴冲冲地过桥去浦东参加盛况空前的万国博览会，正在游玩兴头上，不料摔跤跌醒，才恍然发现不过是南柯一梦。这不仅是作者一个人的梦，也曾是上海所有人的梦。

百年越江梦

兴建黄浦江越江工程的愿望，最早可追溯至
20世纪二三十年代。民国18年（1929年）的《上
海市全市分区及交通计划图》中就有越江干道的
设想。民国20年，上海地方乡绅曾与德国孟阿恩
桥梁公司签订在董家渡建造钢质浮船铁桥跨越黄
浦江的协议，但最终也无结果。

抗日战争胜利后的1946年，上海成立了越江
工程委员会，委托以茅以升为总工程师的中国桥梁
公司负责设计及钻探等工作，并下拨2亿巨款作为
建桥方案规划和设计的费用。之后，中国桥梁公司
在完成了选址、测绘在内的一期工作后，提交了《上
海越江工程研究报告》。

当时，社会各界对越江工程或隧或桥，争得
相当热烈。

报告在分析对比后认为，越江工程当为桥梁、
隧道同时存在，并提出四种越江方案：建隧道；
建高架固定桥；建低架活动桥；在上游建固定桥。
可最终，这些方案仍未实施。

1958年上海市规划勘测设计院编制了《上海
市越江工程规划报告》，其中提出了可能建设越江
工程的8个位置。

经过反复比较，上海市决定先尝试隧道方案。
从1965年开始，经过6年的建设，黄浦江上第一
个越江工程——打浦路隧道于1971年6月建成通

▶ 旧时黄浦江边的摆渡码头

车。隧道为单管双车道，每小时双向最大通过能
力为1000辆，缓解了客货车过江难的问题。

与此同时，对黄浦江上桥的探索也一直在进
行，但直到20世纪70年代初期，由于种种原因，
这些研讨仅局限在口头上，落实在纸面上，黄浦
江的上空依旧空荡荡。

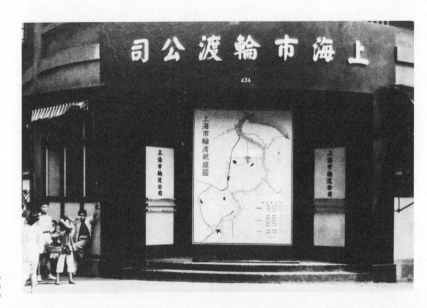

"过江难"

没有便捷的越江通道，一条大江制约了两岸的发展。

除了市区已建成的两条隧道外，过江全靠摆渡来维持。据当时的统计：20 世纪 80 年代，过江机动车双向流量为每昼夜 2.2 万辆，日过江客流超过 104 万人次；而在 20 世纪 40 年代，日过江人数仅 7 万人次。40 年间，客流猛增了十几倍。高峰时，越江12 条轮渡线、5 条车渡线都是超负荷状态，每个渡口都排着长蛇阵。如果遇上雾天，全线只能停航。

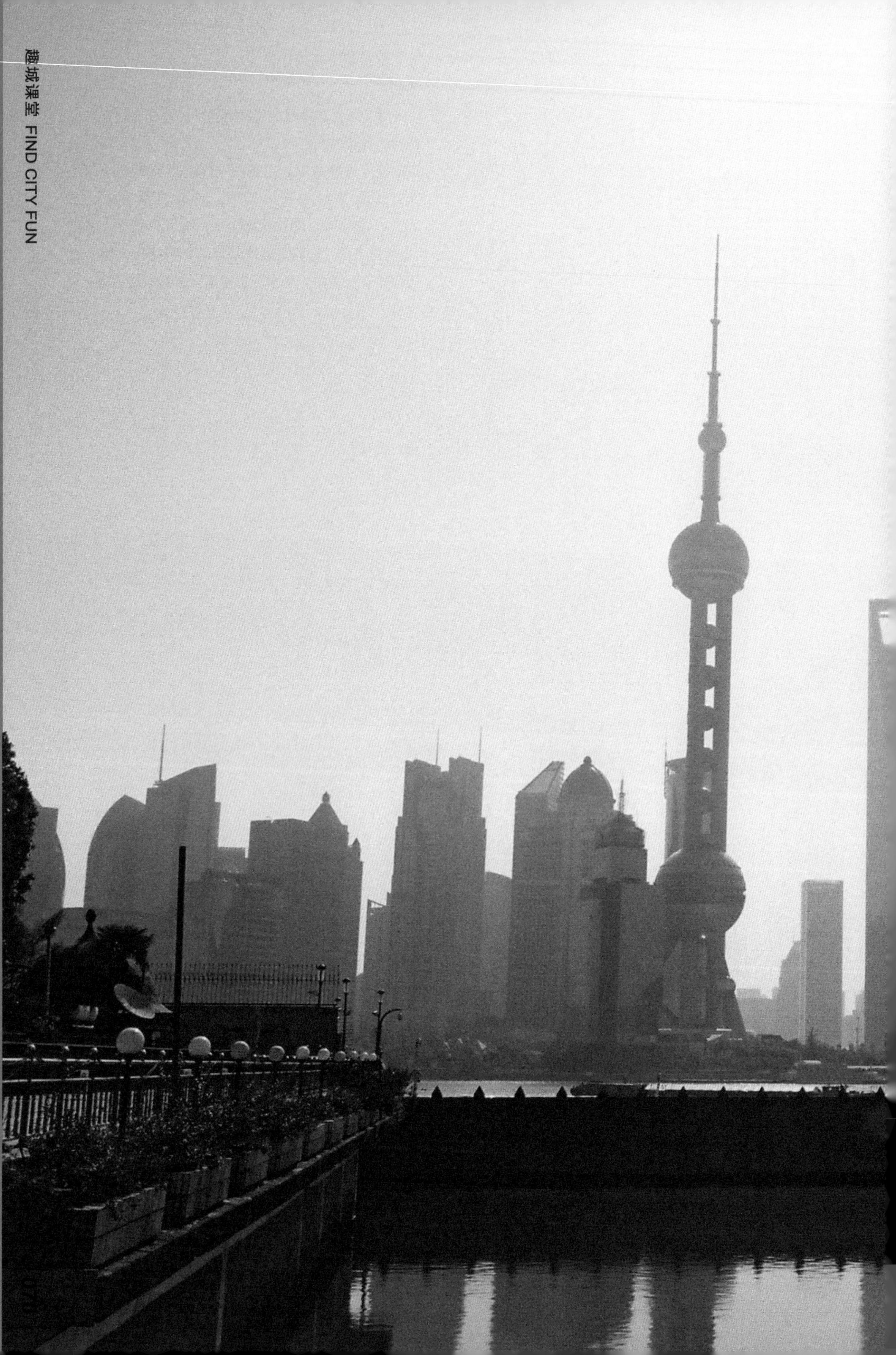

PART 2

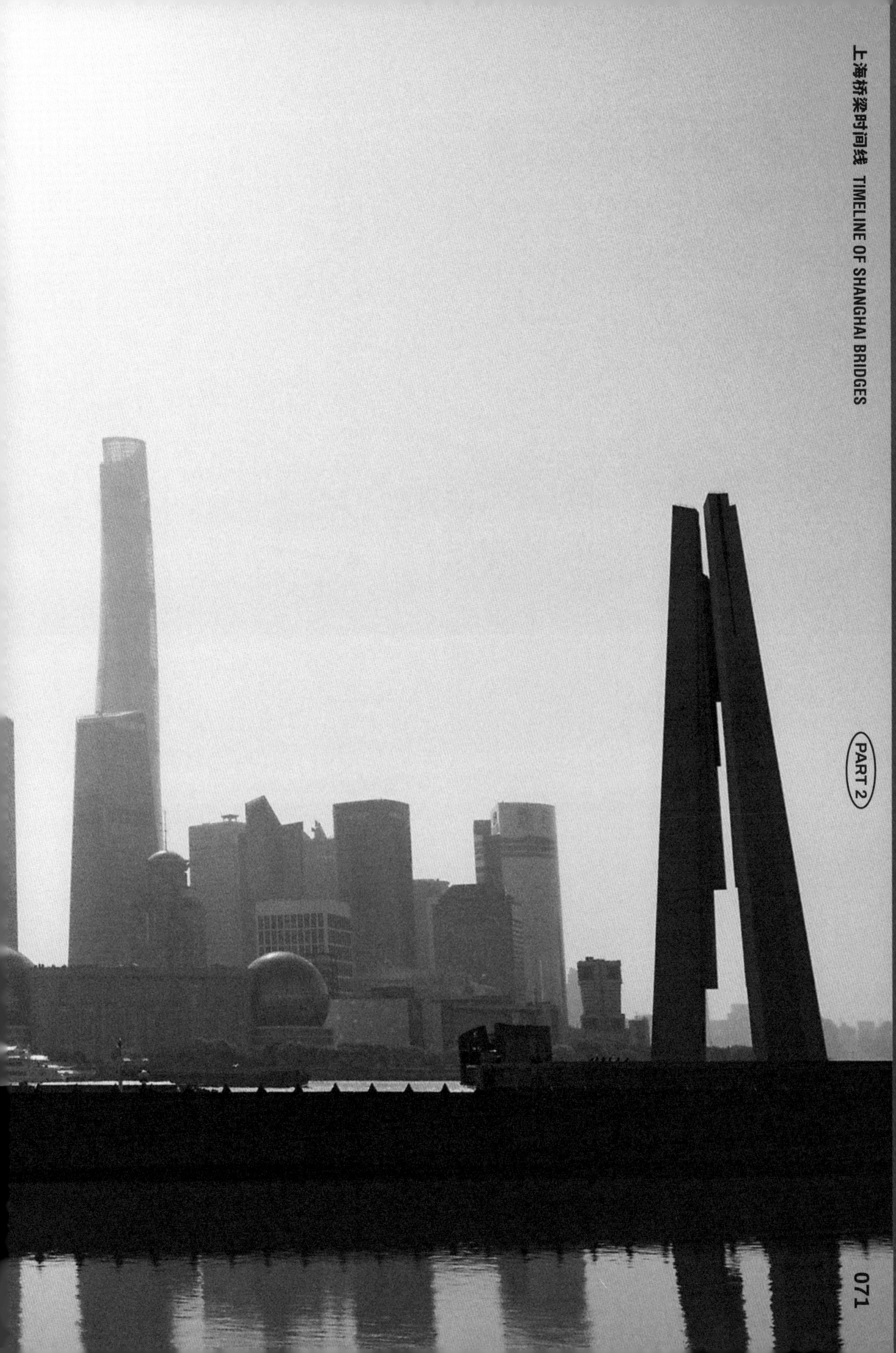

黄浦江第一桥

▶
松浦大桥

▶
新建的金山铁路黄浦江特大桥

1972 年，国家重点工程——上海石油化工总厂在上海市西南部的金山破土动工了。

为了满足石化总厂运输任务的需要，政府必须在附近修建一座越江的公路铁路两用桥，使黄浦江两岸联结在一起——建造黄浦江大桥的事终于摆上了议事日程。

1974 年，大桥开始兴建，1975—1976 年，铁路桥与公路桥相继通车，大桥建成了。这座黄浦江大桥因为坐落于松江得胜港畔，后来被正式命名为"松浦大桥"。

松浦大桥分为上下两层，上层供公路汽车行驶，下层供铁路列车运行。主桥共四孔，下部结构为三墩两台，上部结构为连续铆接三角形钢桁架，全长419.6 米。

松浦大桥的桥型是否非常眼熟呢？没错，它的桥型与南京长江大桥为同一类，叫作连续钢桁架梁桥。我国早期的跨江大桥基本上都是这种连续梁结构。

虽然松浦大桥的建成通车结束了黄浦江上无大桥的历史，但由于远在上海郊区，对于缓解上海市区的"过江难"仍然起不到作用。

"中国第一"的南浦大桥

"宁要浦西一张床，不要浦东一套房。"熟悉上海的人都知道这句话。不过，改革开放后，这种局面迅速改变了。

1985 年 2 月，《国务院批转关于上海经济发展战略汇报提纲的通知》中，肯定了上海市政府提出的关于开发浦东的建议。1985 年 10 月，《国务院关于上海市城市总体规划方案的批复》中提出："当前，特别要注意有计划地建设和改造浦东地区。"

显然，仅仅依靠轮渡和两条隧道是无法满足两岸的交通需要的，随着上海的发展，流动人口在增长，车流量也在倍增。

终于，1987年，建设市区的跨黄浦江大桥被正式列为上海五大市政工程之一。

"桥建在哪里？"又成为一个问题。经过反复讨论，大桥最终选址在市区董家渡与周家渡之间的南码头位置。

选这里是有三方面的考虑。

首先是桥梁的净高。由于黄浦江是十分重要的水运通道，桥下需要足够的净空以满足船舶通过的需要。可是桥建得越高，结构就需越强，成本就越大，同时引桥就要很长，更加不经济。黄浦江下游的船只普遍比较大，而大桥建在苏州河口以南的上游水域的话，桥就不需要特别高大了。

其次建桥的位置要考虑与城市路网的衔接。从道路系统看，大桥的浦西一侧可以方便地衔接到上海市的环状快速路和其他城市干道。

最后，是要看具体的地质条件。大桥的所在地是黄浦江市区段的最窄处，宽度只有360米。虽然江面窄，但河道却很深，如果在此处挖隧道，隧道也要埋得深，施工难度和造价都会更高。

1988年，大桥终于开工了，1991年12月，大桥建成通车，定名为"南浦大桥"。

为了不影响航道，南浦大桥主桥为江中不设墩的双塔双索面叠合梁斜拉桥，中孔跨径423米，主桥设6条机动车道，不设非机动车道，两侧设观光人行道，桥面有效净宽28米，浦西引桥为螺旋形，浦东引桥为长圆形。

南浦大桥创下了当年许多"中国第一"：

大桥一跨过江，跨径423米，跨度为中国第一。

大桥引桥长7500米，不仅是中国的第一，也是当时世界上同类型桥梁中的第一。

大桥主桥面最重的一根钢梁83吨，是中国第一。

大桥最长的一根钢索227米长，为中国之最。

大桥用于拼装钢框架的10万多套高强度螺栓的栓径0.3米，是中国用与桥梁上的最大螺栓。

大桥桥面采用叠合梁结构，这在中国桥梁史上也是第一次。

叠合梁斜拉桥是国际桥梁结构专家弗里茨·莱昂哈特在20世纪80年代初提出的构想。当时，全世界也只有两座，一座是加拿大的安纳西斯桥，另一座是印度的胡格里桥。南浦大桥之所以选择这种桥型结构，是因为这种结构造价适中、施工周期不长，更为重要的是，这种结构对比其他结构，自重比较轻，这对于上海的软土地基来说是再合适不过了。

斜拉桥

斜拉桥又称斜张桥，是将主梁用许多拉索直接拉在桥塔上的一种桥梁，这是由承压的塔、受拉的索和承弯的梁体组合起来的一种结构体系。一根根拉索向上提拉，阻止梁体向下弯曲，可以看作是一个个隐形的桥墩，极大地提高了桥梁的跨越能力。

叠合梁结构

叠合梁结构的桥面是指下层主梁、横梁等钢结构与上层的混凝土桥面板共同组成的桥面。这种结构能充分发挥钢和混凝土两种材料各自的长处，二者相辅相成。

就在大桥完成设计准备开工之时，传来了一个令人吃惊的消息：上海市政工程研究院的两位专家去加拿大考察后发现，安纳西斯桥的桥面混凝土出现了很多裂缝！这是一个重大缺陷，因为雨水会渗入裂缝，慢慢侵蚀下面的钢结构，时间久了，会给整座大桥带来致命的隐患。

上海的工程师们得到消息后，立即着手商讨解决策略，修改设计。终于经过严密的分析和大胆的创新，工程师们对不同部位的所有裂缝都提出了化解的对策。

南浦大桥自1991年建成至今，没有发现一条安纳西斯桥上的那种裂缝，不得不说这是一个创造性的奇迹。

上海市政研究院的工程师们究竟想出了什么样的办法呢？

在桥面板钢结构完成时，在垂直于车行道的横向方向，在梁中间加一个支撑，支撑一顶，横梁就向下弯了，这时候浇筑混凝土，等完成后，松掉横梁的支撑，钢结构又向回收缩，相当于给混凝土施加了压力，这样混凝土就不容易开裂了。

在南浦大桥的设计中，还有一项重要工作走到了全国领先的位置，并且逼近了世界的先进水平，那就是桥梁的抗风研究。

风作用在桥梁上的力，除了静力以外，更重要的是使桥梁产生振动的动力。桥梁的风产生的振动可分为两类。一类是达到某一"临界"风速后，桥梁的振幅越来越大，直至毁坏，这叫自激振动。其中，由于扭转而至的破坏叫"颤振"；由竖向弯曲振动而至的破坏叫"驰振"。另一类不会产生破坏性，但会造成杆件疲劳和通行人员的体感不适。其中由风的紊流产生的振动叫"抖振"；风绕过桥梁产生的漩涡的频率与桥梁的固有频率一致时产生的共振叫"涡激共振"。

要分析如此复杂的因素，最重要的手段就是进行大桥抗风的模型试验。同济大学土木工程防灾国家重点实验室和桥梁工程系的研究人员承担了这项任务。经过1/160比例的模型试验和分析，验证了抗风设计后的南浦大桥即使遇上百年一遇的大风，也能确保安全。

"世界第一跨"

20 世纪 80 年代，占跨黄浦江交通量 34% 的苏州河以北地区没有一处具有持续通行能力的越江工程，许多车辆只能穿越市中心绕行。因此，在苏州河以北地区建造跨黄浦江大桥，形成完整的内环线，建立和浦东、浦西融为一体的市区立体交通新格局是十分必要的。

为此，上海决定在苏州河以北地区再建一座跨江大桥，即杨浦大桥。

斜拉桥的大小，是以一跨过江的跨径长度为标准的。按照这一标准，当时的上海南浦大桥为世界第三，杨浦大桥则为世界第一，名副其实的"世界第一跨"。

杨浦大桥自 1991 年 5 月开工，历时两年 4 个月，于 1993 年 9 月建成通车。

杨浦大桥与南浦大桥相距约 11 公里，是上海内环线的两个过江枢纽。

杨浦大桥总长 7658 米，主桥长 1172 米，为双塔双索面斜拉桥，主跨跨径 602 米，桥面为叠合梁结构。

杨浦大桥的结构设计为塔、墩固结纵向漂浮体系。特点是在地震时，某些锚固装置会自动脱落，使整个桥面在水平方向来回摆动，以抗衡地震波。这种抗震结构在很多高层建筑中也有应用，例如上海中心大厦的抗震阻尼器。

与南浦大桥相比，虽然同为斜拉桥，但杨浦大桥的规模和难度都增大了不少。

例如：

主跨跨径 602 米，比南浦大桥增加了 179 米。

桥塔高 208 米，比南浦大桥增高了 54 米。

主桥钢梁总重量 13000 吨，比南浦大桥增加了一倍。

斜拉索总重量 3006 吨，比南浦大桥增加了 1.2 倍。

由于杨浦大桥跨度大，主梁采用箱型钢结构。在这之前，这种箱型钢梁从未有人设计过，也从未有人制造过。杨浦大桥的箱型主梁 238 根，工字型横梁 241 根，纵梁 480 根，挑梁 248 根，共 1207 根骨架，用约 45 万只高强度螺栓连成整体。其中箱型主梁是最关键、最复杂、最重、最大，也是制造难度最高的部分。它有如一块块积木，逐渐从江边向江心拼接过去，直到只剩中心的最后一块，最后一块钢结构也叫合龙钢。这时需要精确测量东西两端已经安装好的钢梁的位置，计算空隙之间的具体数据，并加工合龙钢。合龙钢加工好后，还需要会同气象部门，分析施工现场的温度、风速等因素，以确定最终合龙施工的时间窗口。整个过程都需要在精密的测绘控制之下进行，最终完工后测量，大桥水平方向只偏移了 6 毫米，纵向相对误差仅有 1/60000。

拉索的奥秘

斜拉桥需要斜拉索，不同的斜拉桥需要不同的斜拉索。修建南浦大桥时，需要的斜拉索叫作"聚乙烯保护层大节距扭绞型钢索"，当时全世界只有日本、英国和德国能制造。但是他们的工艺和设备都享有专利。上海市政工程设计研究院的工程师们决定另辟蹊径，采用高强钢丝和聚乙烯材料，自行研发。

看似普通的斜拉索其实大有玄机，它主要由两部分组成。

斜拉索的内部是由一根根钢丝编组而成的。钢丝是高强度钢丝，然后再按一定的方式编组。可按钢丝的排列结构分为扭绞型钢索、平行索、封闭式钢索、水泥浆平行索、复绞线等若干类型。其中扭绞型钢索在各方面均有突出的优点。

内部的钢丝编组完成后，需要在其外层包覆一层保护层。拉索的保护层十分关键，直接关系到拉索的使用寿命。南浦大桥采用的是热挤聚乙烯保护层，就是经过挤塑机的加热塑化加工，使聚乙烯颗粒连续紧密包裹在钢丝束外表面，聚乙烯具有优秀的防水、防潮和抗老化性能，同时具有良好的可加工性，因而防护效果很好。

现代钢拱桥

拱桥在我国历史悠久，但在现代，跨度超过500米的拱桥都在国外。20世纪50年代，中国钢拱桥的跨度不足百米。21世纪初，桥梁工程界开始尝试建造500米左右的现代钢拱桥，以期改变中国在钢拱桥方面的落后局面。

2003年6月建成通车的卢浦大桥是继南浦大桥、杨浦大桥之后，上海市中心区内的又一座跨江大桥。它全长3900米，长750米的主桥从中拱到边拱和系梁，全部采用钢结构。

卢浦大桥在当时创下了多个世界之最：

世界上跨度最大的拱形桥，550米的跨度比排名第二的美国新河峡大桥长出32米。

主桥融合了斜拉桥、拱桥、悬索桥三种不同类型桥梁的施工工艺于一身，是目前世界上单座桥梁建造中所采用的施工工艺最多、最为复杂的一座桥，造这样的一座桥，等于造了三座桥。

世界上首座采用箱型拱结构的特大拱桥，9米高、5米宽的主拱截面在当时为世界最大。

世界上首座完全采用焊接工艺连接的大型拱桥（除合龙接口采用螺栓连接外），现场焊缝总长度达4万多米，接近当时上海市内环高架的总长度。

整个主桥结构用钢量相当于建造3艘7万吨级轮船的用钢量。

在建桥过程中使用了众多大型机械设备和大型临时设施，是目前世界上在单座桥梁建造中，使用大型机械设备和设施最多的一座。

拱桥是一种推力结构，通常建造在岩石地基等地质条件比较好的地方，而在上海的软土地基上，如何解决拱形结构向两端的水平推力呢？

卢浦大桥采用了"系杆拱"结构，在桥面以下使用了16根水平系杆索，它们就像一根根绷紧的钢铁弓弦，抵消了长弓般的拱体产生的巨大推力。这些水平系杆索每根有760米长，直径18厘米粗，单根重量110吨，每根可以抵抗最大1700吨的拉力，这些数据同样都是世界第一。

卢浦大桥采用了两片拱架，两片向内倾斜，互相靠拢，在顶部相连。这种结构由于形状好像竹篮的提手，所以又称提篮拱，相比一般的桁架拱，更具有简洁、现代的气息。

上海卢浦大桥建成后，由于精良的设计和高超的施工技术，获得了2008年国际桥协杰出结构大奖，这也是第一座获此殊荣的中国桥梁。

技术史 ▲ *HISTORY OF TECHNOLOGY*

PART 2

现代拱桥

现代拱桥分为上承式、中承式和下承式。在中承式和下承式拱桥中，由于拱与梁存在交点，那么在交点间可以固定系杆，以其拉力平衡拱的推力，这就是"系杆拱"。

斜拉桥的创新

闵浦大桥

  闵浦大桥是第八座跨越黄浦江的大桥，于2010年建成通车。工程全长3610米，其中主桥长1212米，跨径708米，主塔为H型，塔座以上高度达200余米。大桥分两层，上层为双向8车道、设计时速120公里/小时的高速公路，下层为设计时速60公里/小时的普通公路，为适应双层桥面的需要，主梁结构采用钢桁梁。闵浦大桥在当时是世界跨径最大的双塔双索面双层公路斜拉桥，创造了双层斜拉桥主跨最长、桥梁承台混凝土一次浇注体积最大、拉索直径最粗三项世界纪录。

  由于黄浦江沿线的土地资源有限，黄浦江沿线、大桥、隧道等越江设施的线位也是有限的，所以闵浦大桥采用高速公路与地方道路共用同一座大桥线位的设计，既解决了高速公路过江难的问题，又满足了当地闵行地区的过江需求。同时，闵浦大桥的跨度对斜拉桥来说是比较经济的，而上海在建设斜拉桥方面经验丰富、技术成熟，从经济实用、安全成熟等角度考虑，最终将闵浦大桥打造成跨径最大的双层公路斜拉桥。

▲ 上海
长江大桥

上海长江大桥

　　上海长江大桥位于上海市崇明区内，位处长江入海口，被称为"长江门户第一桥"。该桥是一座公轨合建大桥，其桥面预留了轨道空间，有条件在将来同时容纳城市轨道交通。

　　上海长江大桥全线长 16.63 公里，跨江正桥长 9.97 公里，为斜拉桥桥型。其中主通航孔跨径 730 米，超过了此前上海的任何一座大桥。这一跨度能满足规模 3 万吨级的集装箱货轮及 5 万吨级的散装货轮的双向通航要求。

　　大桥 2004 年年底动工，2008 年竣工。

　　上海长江大桥全线呈弧形，这种线型的布置，既考虑了对水流的影响最小，又与整座桥梁功能需求的线型结合起来，造型优美的同时还兼顾环保。

第一座悬索桥

▲
嘉松公路
越江大桥

2020 年，黄浦江上首座悬索桥——嘉松公路越江大桥开工建设。目前的跨黄浦江大桥，除了卢浦大桥为拱桥，其余均为斜拉桥或梁式桥，嘉松公路越江大桥的破土动工，将书写黄浦江上的新历史。

嘉松公路越江大桥位于松江，工程全长 1.825 公里，建设规模为双向 6 车道，两侧均设置慢行系统过江，设计车速 60 公里 / 小时。其中越江大桥全长约 1.45 公里，主桥为双塔双索面自锚式悬索桥，塔身总高约 90 米，主跨跨径 336 米，引桥为标准跨径小箱梁，采用全预制拼装技术施工。

传统的悬索桥均为地锚式，对地质要求较高。而近年来，自锚式悬索桥逐步发展起来，因其跨越能力强、景观效果好、对地质情况要求相对较低，而越来越多地出现在城市桥梁设计中。

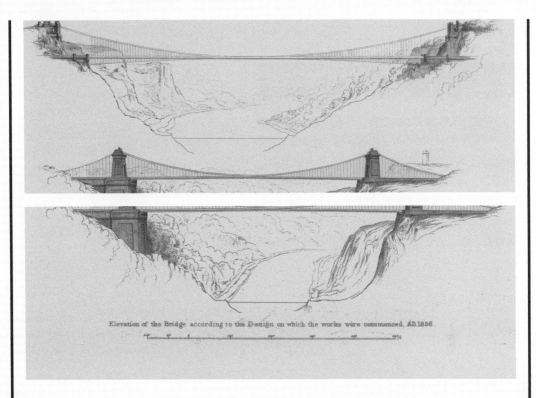

Elevation of the Bridge according to the Design on which the works were commenced. A.D.1836.

悬索桥

悬索桥，又名吊桥，指的是通过索塔将缆索悬挂并锚固于两岸（或桥两端）且以缆索（或钢链）为上部结构主要承重构件的桥梁。其缆索几何形状由力的平衡条件决定，一般接近抛物线。缆索上会垂下许多吊杆把桥面吊住，在桥面和吊杆之间常设置加劲梁，同缆索形成组合体系，以减小荷载所引起的挠度变形。

悬索桥中最大的力是悬索中的张力和塔架中的压力。由于塔架基本上不受侧向的力，它的结构可以做得相当纤细，此外悬索对塔架还有一定的稳定作用。假如在计算时忽视悬索的重量，那么悬索会形成一个抛物线。这样计算悬索桥的过程就变得非常简单了。老式悬索桥的悬索一般是铁链或连在一起的铁棍，现代的悬索一般是多股的高强钢丝。

建桥还是挖隧道

　　上海的一座座大桥久久地吸引着人们的目光，却很少有人赞美埋在水下的隧道。工程界有一句俗语叫"桥隧不分家"，其实，上海的隧道也有让人骄傲的历史。

　　在 1971 年打浦路隧道通车之前，人们跨越黄浦江只能靠摆渡。而最近的几十年，随着经济和技术的发展，10 多条越江隧道网络连同江上的大桥把黄浦江两岸紧紧联系在一起。当前穿越上海黄浦江的越江隧道已有17 条。

打浦路隧道　　　1971 年 6 月，打浦路隧道建成通车。它不仅是上海的第一条越江隧道，也是中国的第一条越江隧道。

延安东路隧道　　　延安东路隧道是继打浦路隧道之后，上海第二条越江隧道。2015 年，延东隧道的日均流量 8.3 万辆，是上海饱和度最高的一条越江隧道。

1991 年，在高峰时段，延安东路隧道每小时通过车辆已达 1400 辆。1994 年在原隧道以南兴建延安东路隧道南线，1996 年 11 月正式通车，共提供 4 条行车道。延安东路隧道设计流量为每小时 2400 辆，高峰时段交通极为繁忙，实际流量远超此数。

外环隧道　　　2003 年 6 月，外环隧道通车，标志着总长 99 公里的上海城市外环线历时 10 年，全线建设完成。

这条现代化大型沉管隧道共有 7 个管段，全长 2880 米，是当时亚洲最大的沉管隧道，它也是上海首次采用沉管法施工的越江隧道。

复兴东路隧道　　　2004 年 9 月，复兴东路隧道通车，这是国内第一条双管双层越江隧道。隧道设双向 6 车道，其中上层设双向 4 条小型车车道，下层设双向各 1 条大型车车道。

翔殷路隧道　　　2005 年 12 月，翔殷路隧道通车。它是我国当时直径最大、距离最长、行车速度最快的越江公路隧道。

翔殷路隧道采用两台直径为 11.58 米的泥水平衡盾构进行掘进施工，圆隧道外径 11.36 米，内径 10.4 米，曾经是中国采用盾构法施工的直径最大的隧道。

上海长江隧道　　　上海长江隧道与上海长江大桥共同组成了上海长江隧桥工程，总长度达 25.5 公里。

上海长江隧道盾构直径约 15.43 米，横断面积约 180 平方米，相当于一套 4 室 2 厅的居所。

上海长江隧道最深处在水下 55 米，江底隧道无渗漏，打破了日本东京湾公路隧道埋深 50 米的纪录。

PART 2

盾构机

ⓘ 技术史 ▲ HISTORY OF TECHNOLOGY

盾构机是一种使用盾构法的隧道掘进机。盾构机的施工方法是隧道掘进机在掘进的同时构建（铺设）隧道之"盾"（指支撑性管片），它区别于敞开式施工法。

城市的动脉

ARTERIES
OF
THE CITY

上海经济持续高速地增长，带来了桥梁建设的兴旺。

新中国成立初期，上海城区桥梁仅 488 座；

1962 年桥梁总数增加到 1161 座；

1980 年市区桥梁总数 1934 座；

1990 年市区桥梁总数猛增至 3292 座。

随着上海城市建设的飞速发展，桥梁建设又有了新的突破。

一座座人行立交桥、车行立交桥、铁路立交桥以及

高架路立交桥相继诞生，

形成了上海现代化立体交通的新格局。

高架桥和
内环路

20 世纪 80 年代，上海经济增长速度加快，交通矛盾也进一步加剧。原有的市区环路中山路已经处于超饱和状态，交通问题已经成为制约上海经济发展和改革开放的主要矛盾之一。

1988 年冬，上海市政工程设计院和世界银行资助的法国咨询专家，对中山路进行了详细研究。研究中采用现代交通规划方法，对拓宽交叉口、中山路拓宽、在中山路上建立交桥、在横向道路上建立交桥、移出自行车、建设高架路等 13 个方案进行了比较，最后选定高架方案。以中山路为骨架的内环路高架工程也成为上海第一个取得世界银行贷款的道路项目。

1990 年，南浦大桥即将建成，杨浦大桥已决定建造，由此内环路跨越了黄浦江，将浦东与浦西联结在一起。

内环路工程于 1992 年开工，1994 年 12 月建成通车，全线总长 45.7 公里。

1994—1999 年，上海又分别建成了南北高架路和延安路高架，至此，上海市中心形成了"申"字形高架道路体系。这个"申"字，总投资达 182.72 亿元，总长 64.19 公里，共搬迁 35972 户居民和 2851 家企事业单位。

高架桥

一般是指搁在一系列塔或支柱上，跨过山谷、河流、道路或其他低处障碍物的桥梁。城市交通拥挤，建筑物密集，而街道又难于拓宽时，可以用架桥的方式形成立体交通，疏散交通密度，提高运输效率。城市间的高速公路或铁路，为节省用地、避免和其他线路平面交叉，也常用架桥的方式建造。

高架桥分为上部结构和下部结构。

上部结构就是梁体，常用的梁体截面有箱梁、T 型梁、槽型梁和空心板梁，梁型截面的选择要考虑减少对桥下交通的影响，同时应符合城市整体建设的景观美化要求。

下部结构就是桥墩，作为重要的传力结构，需具有足够的强度和刚度。关于桥墩的选择，通常需考虑与梁体连接的协调、下部空间的占用以及周围环境的美观要求。目前常用的桥墩结构有 T 型墩、Y 型墩、双柱墩、单柱墩。

立交桥的套路

上海市的车行立交桥大多是伴随着市区高架路和穿越市区的铁路线而诞生的。宽阔的道路伸进立交桥就被分成几条不同方向的"飘带",在空中交叉盘旋,线条流畅轻盈,仿佛一座座现代派的艺术雕塑。

▶ 延安东路立交桥

延安东路立交桥

1993 年,内环高架路建成后,位于成都路的南北高架也通车了。这条南北高架全线长约 8.45 公里,宽 25.5 米,共 6 车道,沿线同步建成了 4 座互通式立交桥。

其中延安东路立交桥是市区南北高架路与东西高架路——延安高架路的交点,也就是"申"字的中心点。

延安东路立交桥与其他立交桥大不相同,其他立交桥都是由两根或四根以上的立柱支撑着,但这座立交桥却是由一根圆柱支撑。

这座由独柱墩独挑 4 层高架路跨径的高架立交桥,是一座五层定向互通式立交桥,桥高 30 多米。这座立交桥还有一点独具特色,就是圆立柱上的装饰是 9 条龙的图案,人们称之为"龙柱",如今它已经成为上海街头一景。

莘庄立交桥

莘庄立交桥有"亚洲第一立交桥"之称,位于上海闵行区莘庄镇,与五条高速、上海内环线、外环线连接,线路错综复杂。

莘庄立交桥是沪闵高架路、沪昆高速公路及沪金高速公路的终点,同时与上海外环高速公路交汇,立交桥下还有上海地铁 1 号线及沪杭铁路。

奔向大海

RUN
TO THE SEA

上海从未放弃对大海的憧憬与追求……

步入 21 世纪，作为国际化大都市的上海想要成为

经济中心、贸易中心和金融中心，

首先必须建设航运中心。但现有的港口、航道条件

难以适应未来发展的需求，只有建设深水港，

上海才能真正成为国际航运中心，

才能有更宏大的发展远景。

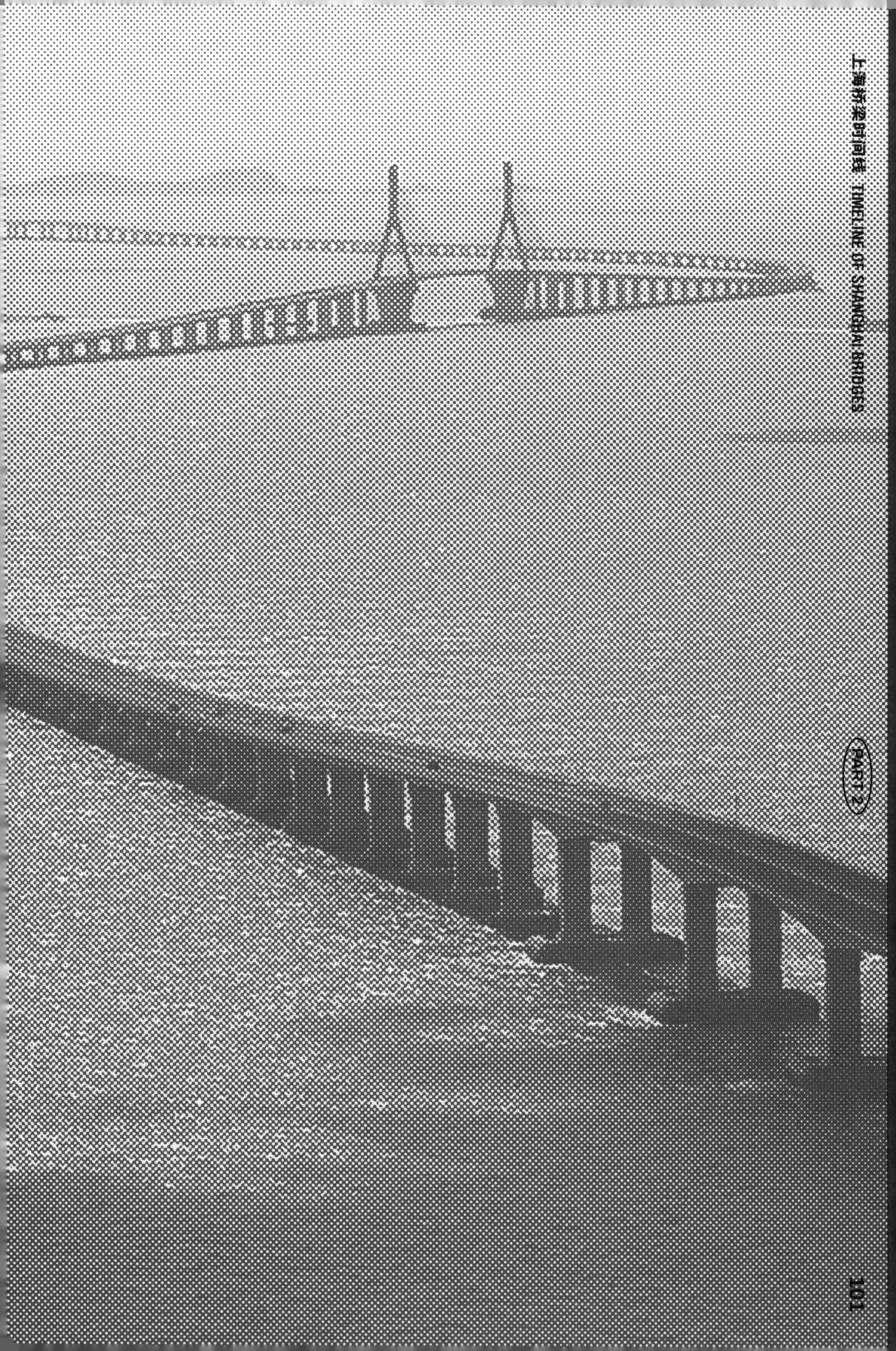

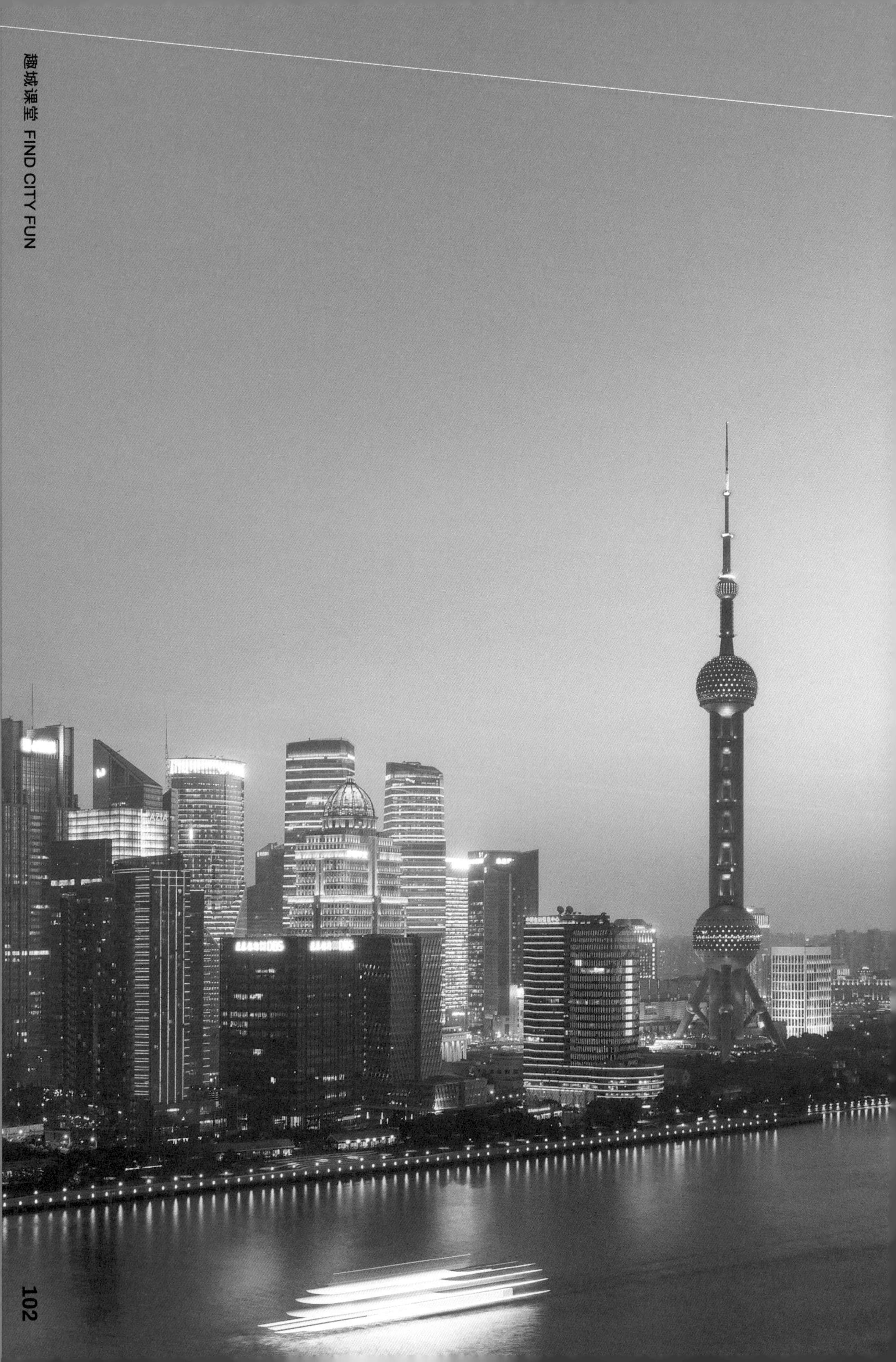

城市与港口

　　历史上的上海港是中国最大的港口。古代上海港口的位置一直游移不定。上海港的雏形是华亭和青龙镇，之后曾一度移至江湾镇和长江口的黄姚镇，明代辟通、疏浚黄浦江以后，港口位置才移到了上海镇，就是上海南市沿江一带。源远流长的上海港就是在此基础上发展而来的。

　　改革开放后，上海市政府乃至国家看到了上海港长期依托黄浦江发展的局限和不利，顺应世界经济和国际航运发展的新趋势，对上海港未来建设做出重大战略决策。

　　1996 年 1 月，国务院向全世界宣布中国要建设上海国际航运中心。

　　2001 年，洋山深水港被正式列入国务院批准的《上海城市总体发展规划》。

　　洋山深水港是中国首个在微小岛上建设的港口，位于杭州湾口外的浙江省嵊泗县崎岖列岛，崎岖列岛由大洋山、小洋山等数十个岛屿组成。自 2002 年到 2009 年，洋山深水港北港区的三期工程全面建成。

　　由于洋山深水港的加入，截至 2010 年，上海港年货物吞吐量达到 6.5 亿吨，其中集装箱吞吐量增长到 2900 万标准箱，首次超越新加坡，成为全球最繁忙的集装箱港口。自 2005 年以来，上海港连续 5 年货物吞吐量排名世界第一；2010 年集装箱吞吐量排名世界第一，世界大港的地位由此确立。

　　2014 年 12 月 23 日，上海国际航运中心洋山深水港北港区四期工程正式开工建设。这是国内首个全自动化集装箱码头，工程总投资约 139 亿元，于 2017 年建成。上海港的年吞吐量已突破 4000 万标准箱。这个数字接近全美国所有港口加起来的吞吐总量，超过了全球港口年吞吐量的 1/10。

　　洋山深水港的建成投产，奠定了上海作为东北亚集装箱枢纽的重要地位。

东海大桥

东海大桥是中国第一座跨越外海的大桥，连接上海本土与外岛的洋山深水港，是中国十大跨海大桥之一。

大桥于 2002 年 6 月 26 日正式开工建设，2005 年底通车。东海大桥北起上海浦东新区的芦潮港，与沪芦高速公路相连，经过 3.7 公里的陆上段后向南跨越杭州湾北部海域，跨海 25.3 公里达浙江嵊泗县崎岖列岛之大乌龟岛，再经 3.5 公里到达小洋山港区，总长 32.5 公里。桥面宽 31.5 米，双向 6 车道设计，限制车速 80 公里／小时，预期寿命 100 年。可抗 12 级台风和 7 级地震。大桥设有 4 个通航孔，其中主通航孔净高 40 米，净宽 300 米，可供万吨级船舶通过。

东海大桥是一座集多座桥隧为一体的群体工程，全桥大致呈从西北至东南的方向布置，从北向南依次由陆地段（北引桥）、跨海段（主桥）和港桥连接段（南引桥）三大部分组成。其中，主桥包括一座主航道桥、

三座辅航道桥以及多个非通航孔桥；港桥连接段包括颗珠山大桥和小洋山隧道两个主要部分，以及东、西引桥。

东海大桥主航道桥为连续多跨的双塔中央单索面斜拉桥，采用半漂浮体系，三座副航道桥全部采用变高度预应力混凝土连续梁桥。东海大桥颗珠山大桥部分的主桥为连续多跨的双塔双索面叠合梁斜拉桥。

东海大桥的建成贯通，不仅创造了世界造桥史上的一个奇迹，也为上海国际航运中心洋山深水港实现"港开、桥通、城用"奠定了坚实基础，为长江三角洲地区经济的进一步发展创造了有利条件。东海大桥是中国桥梁建设首次成功跨出外海，不仅填补了中国桥梁建造史上的一项空白，也为之后相继展开的杭州湾跨海大桥、青岛胶州湾跨海大桥等跨海大桥的建设"铺了路"。

桥梁 —————————

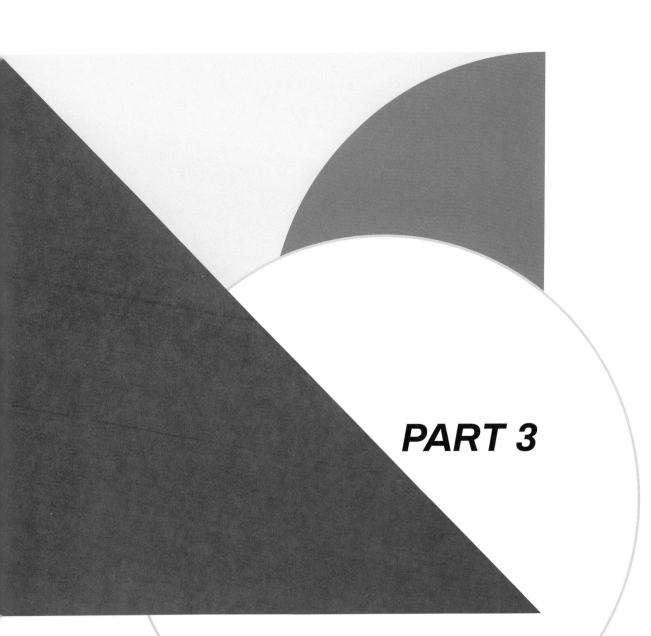

PART 3

BRIDGE

博物馆

MUSEUM

桥梁的分类
CLASSIFICATION
OF
BRIDGES

最宏伟的建筑物

人类创造的地面建筑物，虽然功能各不相同，可究其结构类型，大致也就分为两种：一种是横向的跨越结构；一种是耸立的支撑结构。前者如桥梁的上部结构、建筑的屋顶和楼板等，后者则包括各种柱子、承重墙等。和建筑相比，无论是结构规模的宏伟，结构构造的复杂，还是施工条件的艰险，桥梁都常常远超超建筑，成为人类智慧与勇气的见证。

以跨越结构为例，一般拥有超大屋顶的建筑，如室内运动场，屋顶跨度不超过二三百米，而目前世界上的桥梁跨度已向 2000 米挺进，同时桥梁还要承受来往车辆上千吨的荷载，这都绝非建筑的屋顶可比。再看支撑结构，目前世界上结构高度最高建筑的米约高架桥，它的最高结构高度达到了 343 米，看桥，它的最高桥墩结构高度达到了 343 米，看似比世界最高建筑物——迪拜的哈利法塔的828 米低了不少，可是大桥的桥墩又细又长，顶端要承受巨大的荷载，下部往往坐落于深谷甚至水中，基础还要继续向下掘进上百米之深，它的设计和建造都要困难得多。所以把桥梁称为人类最宏伟的建筑物，一点也不言过其实。

桥梁类型

受力类型	桥梁类型	子类	特点	代表桥梁	上海案例
受弯	梁式桥	梁桥	最简单的桥梁类型之一，梁的抗弯能力决定了承受荷载的上限	安平桥：位于中国福建晋江，全长2070米，为中国古代第一长桥，并在建成后的几个世纪里，稳居世界最长桥梁排行榜首 布列坦尼亚桥：位于英国威尔士，于1850年建成，是世界上第一座用熟铁铆接的箱型梁桥，铁路铁轨可以从管状的梁中穿过，具有革命性意义 丹昆特大桥：京沪高铁江苏段的高架桥，西起丹阳，东至昆山，全长164.851公里，2011年投入使用，为目前世界上最长的桥梁	迎祥桥：位于青浦区，始建于元代，为国内罕见的"连续简支梁"，被专家称为此种桥型的"鼻祖" 上海高架桥：作为城市交通的动脉——高架桥通常采用连续梁结构
		桁架梁桥	将桁架作为承重结构主要的承重结构，利用桁架中三角形的稳定性，大大增强了梁的抗弯性能	克拉姆林高架桥：一座位于英国南部的高架桥，桥面由钢路梁承载，桥面与支承的桥塔都由铆钉构成。该桥1857年建成，1966年拆除的109年中，一直是英国海拔最高的高架桥，同时是世界第三高的高架桥，被誉为"工业革命时期科技成果的典型范例" 威尔士州的铁制的连续桁架桥制的连续桁架桥除，在其服务 三官堂大桥：位于中国浙江宁波，2020年建成，桥梁总长2.2公里，主跨过江，三跨连续，主跨采用465米超大跨度连续钢桥梁，为同类型桥梁中的世界第一	外白渡桥：典型的桁架梁桥，是中国的第一座全钢结构铆接桥梁和仅存的钢结构桁架结构桥梁 松浦大桥：黄浦江上第一座大桥，为预应力连续钢桁架结构
		悬臂梁桥	以一端或两端向外自由悬出的简支梁为主要承重结构的上部结构承重构件的梁桥	福斯桥：位于英国爱丁堡城北的福斯河上，1890年建成，是桥梁建设史上的里程碑，至今仍是世界上跨度最长的多跨悬臂桥 魁北克大桥：位于加拿大魁北克省，1917年建成，主跨549米，是世界上跨度最大的悬臂梁桥	四川路桥和乍浦路桥：两桥的上部结构均为钢筋混凝土单臂悬臂梁加挂梁结构

受力类型	桥梁类型	子类	特点	代表桥梁	上海案例
受压	拱式桥	拱桥	以拱为主要承重结构的桥梁类型，拱向支座及桥墩会产生水平向的推力	**卡雷凡大桥**：位于土耳其伊兹密尔附近，是一座石拱桥，并且是目前所知世界上仍在使用的最古老的桥梁 **嘉德水道桥**：位于法国尼姆市附近，始建于1世纪，是罗马造史上无可争议的颠峰之作，桥建造史上无可争议的颠峰之作，桥建造的顶峰型的半圆拱结构，被誉为罗马水道 **赵州桥**：位于中国河北赵县，是世界上现存最早的敞肩拱桥，建于隋代，距今已有1400余年历史	**放生桥**：位于青浦区朱家角，始建于明代，是目前上海地区最大、最长的石拱桥
		系杆拱桥	一种集拱与梁的优点于一身的桥型，将拱与梁两种基本结构组合在一起，桥板承受拱所产生的水平方向的力，而不依赖于桥墩的推力	**温莎铁路桥**：位于英国，1849年建成，是世界上仍在正常使用的最古老的锻铁铁路桥，其形式就是系杆拱结构 **平南三桥**：位于中国广西贵港，2020年正式通车，结构为钢管混凝土系杆拱桥，主跨跨径575米，是目前世界上跨度最大的拱桥	**卢浦大桥**：2003年建成，主跨550米，曾经是世界上跨径最大的钢拱桥

受力类型	桥梁类型	子类	特点	代表桥梁	上海案例
受拉	斜拉桥		一种由一座或多座桥塔与钢缆组合拉起桥面的桥梁	**斯特伦松德大桥**：位于瑞典的耶姆特兰，于 1955 年建成，被认为是世界上第一座现代类型的大型斜拉桥，桥长 332 米，其中主跨度 182 米 **俄罗斯岛跨海大桥**：位于俄罗斯的符拉迪沃斯托克，于 2012 年建成，其主跨 1104 米的跨度位列世界斜拉桥第一 **沪通长江大桥**：位于中国长江江苏段，连接南通市和苏州市，是一座公路铁路两用桥，2020 年建成通车，主跨 1092 米，在建成的斜拉桥中位列中国第一、世界第二	**上海长江大桥**：于 2009 年建成通车，主跨 730 米，是目前上海跨度最大的斜拉桥
	悬索桥		通过在桥两端塔架间架设悬索，进而拉住桥面结构的桥梁类型	**梅奈海峡大桥**：位于英国威尔士，于 1826 年建成，是世界上最早的现代悬索桥之一，同时也是当时世界上跨度最大的桥，其悬索采用铸铁制造 **明石海峡大桥**：位于日本兵库县，1998 年建成通车，为目前世界上跨度最大的悬索桥，主跨度 1991 米 **杨泗港长江大桥**：位于中国湖北武汉，2019 年建成通车，主跨度 1700 米，为中国跨度最大的悬索桥，位居世界第二	**嘉松公路越江大桥**：2020 年 9 月开工，建成后将是黄浦江上首座悬索桥，主跨设计跨度 336 米，也将是上海同类型桥中规模最大的

水下的秘密
UNDERWATER
SECRETS

桥梁的上部结构总是最吸引人的部分，而下部结构通常默默无闻。可是桥梁站不站得住，站得稳不稳，全要看基础打得扎实不扎实，所以桥梁的基础是至关重要的。

桥梁的基础怎么做呢？这当然要看桥梁所在地点的自然环境条件。例如：桥墩会落在什么样的地基上？地基是坚硬的岩石，还是水底厚厚的淤泥？如果向下很深都探不到岩层怎么办？河水或者海水的深度有多少？水的流速和水位的变化又是怎样的？是否有船撞到桥墩的可能？万一发生地震了怎么办？以上种种问题都是修建桥梁基础时需要考虑的问题。

桥梁的基础简单来说就分为两大类：浅基础和深基础。深浅全部取决于地基能够提供多少承载力。如果地下不深处就是岩层或坚实的土壤，那么就用浅基础；如果地基浅层不足以承受桥墩下传的压力，那就必须把基础下降到地面或河底以下一定的深度，直到满足承载力的需求为止，这样的基础就叫深基础。深基础通常包括桩基础、管柱基础和沉井基础。

浅基础

浅基础是在桥墩或桥台之下直接修建的实体基础，放置在基底土壤或岩石之上，为了防止桥墩倾倒，通常基础的底部会更大，就像给桥墩穿上了一只大鞋，所以又叫扩大基础。它是一种原始的、简单的、经济的基础，通常也是人们最希望采用的基础类型。浅基础一般适用于岸上或水流冲刷不大的浅水区，并且下方要有完整的岩层或坚实的土壤。

沉井（箱）基础

沉箱是一种有顶无底的箱型结构，基础底下有一整间工作室，就像是倒扣在水中的杯子。沉箱井筒壁的下端有刃脚，内部设置隔板，可在水中漂浮，可通过调节设备控制沉箱下沉或漂浮。顶盖上装有气闸，便于人员、材料、土进出工作室，同时保持工作室的固定气压。

施工时，人在内部沿筒壁挖土，由机械设备或半机械设备向井外弃土，遇到巨石便进行爆破。随着人在中间挖土，沉箱利用自身的重力或者外部压力逐渐下沉，随挖随沉，同时在水上部分继续浇筑新的井筒混凝土。当其沉到预定深度后，就将沉箱底封死，然后用混凝土填实工作室，作为重型构筑物（如桥墩、设备）的基础。如今，也有原理类似于沉箱法、但不需要工人进入沉箱中挖土的施工方法。

桩基础

浅基础虽然简单，但在上海所处的江南地区就会遇到一些问题。江南水乡河网纵横，有很厚的软土层，软土层没办法给桥墩提供足够的承载力，因此古人造桥时就想到了用木桩加固。有的木桩打入土层，有的一直下探到软土之下的硬层或石层。前者是靠柱体与土层的摩擦力支撑，叫摩擦桩。而后者是靠桩尖的支承力支撑，叫柱桩。在南方的软土地基上，还有一种细直木桩，古人把它们的大小深浅错开，呈梅花式排列，然后打入土中，通过挤紧土壤而提高承载力，这种桩叫作土壤加固桩。时至今日，虽然材料和施工手段日新月异，但以上各种桩的工作原理一直沿用下来。

19 世纪末，美国芝加哥诞生了世界上最早的一批高层建筑，它们的基础就是深度远超以往的摩擦桩。只是当时的设备还不能使桩达到所需的深度，工程师借鉴古老的掘井技术，先挖好足够深度的孔，再灌注钢筋混凝土，由此成为人工挖孔桩。这种方法很快传遍全美乃至全世界，推动了一批高楼大桥的兴建。

20 世纪 40 年代，美国研制出了大功率钻孔机，使得钻孔效率大幅提升，钻孔灌注桩成为现代桥梁最主要的基础形式，在世界范围内得到广泛应用。

如今，大型设备层出不穷，既有适合不同地质条件的钻孔机，也有可以把钢管桩、预应力混凝土桩等预制桩直接打入地下的打桩机（船）。

实际上，每座桥墩通常都有几根乃至几十根桩在协同作用。这些桩会形成一个整体，在受力上类似于一根巨型桩，为桥墩提供足够的承载力。有了上面那些大型机械的加持，桥梁基础施工的效率大幅提升，人们的造桥能力得到空前提高。

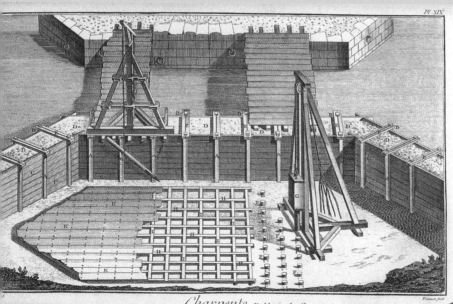

Charpente Fondation de piles.

因地制宜的架桥大法

BRIDGE BUILDING METHOD ACCORDING TO LOCAL CONDITIONS

有了稳固的底座，我们就可以在水面或地上
架设桥梁的上部结构了，这时我们要根据桥梁的结构类型，
施工工地的环境条件，施工单位拥有的施工经验和技术装备，
以及施工方法的经济效益评估，
来选择一种实用、经济、安全又优质的施工方法。

就地浇筑法

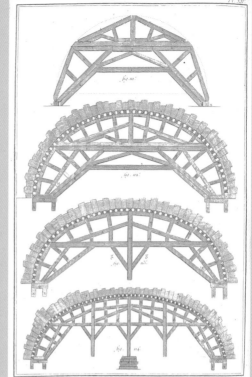

这是最古老的一种桥梁施工方法了，先在桥下密布脚手架，然后在上面用砖石砌拱，或是安装模板，整体浇筑混凝土，等上部结构完成后，拆除掉脚手架就可以了。这种方法技术简单，无须预制场地、不需要大型起吊运输设备。但搭设脚手架费工费时，导致施工周期长，并且施工费用高。搭设脚手架对于桥下的场地条件要求也很苛刻，并且影响桥下排洪、通航、通行。因此现在非不得已时不采用此方法，转而用其他更先进和更有效率的施工方法。

TIPS

脚手架又叫鹰架、棚架，是一种临时性的建筑工具，架设在建筑、土木工程、桥梁或者大型船舶的工地现场，帮助工人完成结构等大型构件的施工。公元前500多年的希腊就曾有过对脚手架的描述，古埃及、中国古代也有使用类似该器材建造大型建筑的记录。

1 | 用于砌筑石拱桥的几种支架类型
2 | 版画上的伦敦泰晤士河滑铁卢桥砌筑工法
3 | 沪通铁路二期工程高架桥施工

悬臂施工法

4

5

6

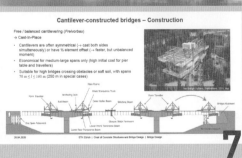

7

4 | 施工中的南京长江大桥
5 | 采用悬臂拼装法施工的昆阳路越江大桥主桥
6 | 悬臂法施工接近合龙
7 | 预应力混凝土梁桥悬臂拼装施工示意

遇到大江大河或高山深谷，需要建大跨度的大桥时，脚手架便束手无策了。这时就会用到悬臂法。

悬臂法既可以应用于钢结构梁桥，也可以应用于预应力混凝土梁桥。

著名的南京长江大桥钢桁梁就是采用悬臂法拼装的。利用在钢桁架梁上可以水平移动的拼装吊机将钢桁架梁杆件逐根向前拼出，从两岸向中心靠近，甚至每个桥墩都可同时向两侧伸出悬臂，快速完成"手拉手"，加快大桥结构的贯通速度。

而在预应力混凝土梁桥的施工中，悬臂法又可以分为两种：一种是悬臂浇注施工，又称挂篮法，即从桥墩开始，两侧同时现浇梁段，直至跨中合龙，它施工简便，结构整体性好，常用于跨径大于 100 米的大桥施工。另一种是悬臂拼装施工，又叫悬拼法，即从桥墩开始，两侧同时将一节节预制段进行对称拼装，它施工速度快，上下部结构可以平行作业，但对施工精度要求高，常用于跨径 100 米以下的大桥。

第二次世界大战结束后，人们为了尽快修复战争时期受损的桥梁，发明了许多新的施工方法。1950 年，德国工程师 Finsterwalder 教授首创了无支架悬臂挂篮施工技术，建造了主跨跨径 62 米的 Lahn 河桥，不久后他又建成了跨径第一次突破 100 米的 Worms 莱茵河桥。1959 年，德国的 Strabag AG 公司发明了下承式移动托架架桥方法，并在此基础上由现场浇筑混凝土发展成预制阶段拼装的悬拼法。直到今天，悬臂浇注法和悬臂拼装法仍然在世界各地的桥梁施工上流行。

上海奉浦大桥的箱梁就是采用悬臂浇筑法施工的；黄浦江上第 13 座大桥——昆阳路越江大桥的主桥则是采用悬臂拼装法施工的，驳船把预制好的节段从水路运到大桥架设现场，然后大桥上的吊机直接把节段吊起并完成拼装。

预制安装法

预制安装法又叫装配式施工法。

为了提高架桥速度，人们把桥梁分解成一个个部件，在工厂或运输方便的工地附近设置预制场，在预制场内进行结构部件的预制工作，再将部件运输至施工现场进行安装。

装配式桥梁的建设概念起源于法国。20 世纪四五十年代多采用纵向预制梁段和匹配接缝的方法进行预应力混凝土桥梁施工。20 世纪 80 年代，美国佛罗里达的两座长桥在设计中将预制与现代机械技术相结合，工艺上取得了很大的进步。从此，节段预制拼装预应力混凝土桥梁被世界各地广泛应用。

我国预制节段施工桥梁在 21 世纪以前应用得非常少，直到 21 世纪，预制节段施工方法和体外预应力技术在我国得到越来越多的关注和肯定。上海浏河桥（2001 年）采用了体外预应力预制节段逐跨施工的方法，并在国内公路桥中首次使用上行式架桥机。随后，上海沪闵线二期工程（2003 年）的设计中也采用了这种技术。

结构部件预先在工厂生产有利于确保结构体的质量和尺寸精度；上下部结构可以同时作业，得以大幅缩短工期；这种工法还能有效利用劳动力，降低工程造价；由于采用工厂预制，施工现场减少了大量高空、高危作业，施工人员的安全保障得到大幅度提升。

装配式施工有赖于大型机械的参与，预制梁的安装有多种方法，目前应用较多的有架桥机，如双悬臂式架桥机、简支梁式架桥机，还有造桥机以及龙门吊机等。

前面提到的昆阳路越江大桥，其引桥部分采用了预制装配技术进行建造，跨江大桥引桥采用全预制拼装技术，是国内首例。引桥部分高达 23.15 米的双根双节立柱同样采用了预制拼装技术，这创造了目前上海预制拼装立柱的最高纪录。

1

2

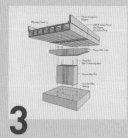

3

4

1 | 应用节段胶拼工艺建设上海轨道交通 17 号线连续梁桥
2 | 工厂预制好的混凝土梁节段
3 | 全预制桥梁示意
4 | 施工中的昆阳路越江大桥

5 | 架设高架桥的移动模架　　6 | 正在展开的内模板
7 | 脱模后的移动模架　　　　8 | 架桥机
9 | 采用多种施工方法建造的上海长江大桥
10 | 移动模架造桥机

移动模架法

移动模架法适用于城市高架桥、滩涂桥、峡谷高墩桥等多跨、中等跨径（30～50米）的现浇混凝土梁桥，只要梁体是等截面的，无论直桥、弯桥还是有坡度的大桥，都可以采用此方法。

模架是用于浇筑混凝土梁体的模板系统，顾名思义，相对于固定式模架，移动模架可以在造桥机的辅助下，随着桥梁的施工逐孔向前推进。移动式支架调整就位后，在支架上铺设混凝土箱梁的内、外侧模板，然后就可以在模板内灌注混凝土了。等到混凝土结构中的预应力钢筋完成张拉，这一节段的混凝土梁就可以脱模成型。脱模之后的模板可以向前移动，做预制下一节段的准备，如此反复循环作业，直至大桥全部竣工。

对于每跨跨度中等，桥梁总长较长的大桥，用移动模架法施工是十分经济的。它不仅支架结构简单，工期、造价和质量也能得到保证，工序循环基本不变，可以形成流水线作业，便于施工的组织与管理，以及机械化程度的提高。

2009年10月建成通车的上海长江隧桥工程被誉为"长江门户第一桥"。它的大桥部分全长16.63公里，跨江桥梁全长9.97公里。由于不同的部分有不同的通航要求、地质水文条件和跨径设计，大桥的不同部分采用了不同的施工方法：在深水区设置了一个主跨为730米的全漂浮体系分离式钢箱梁斜拉桥，是世界上第一座建成的分体式主梁的特大型桥梁；辅航道桥为主跨140米的预应力钢筋混凝土连续箱梁桥，采用前面介绍过的悬臂浇筑法施工；深水区非通航孔采用105米钢—混凝土组合梁和70米混凝土连续梁，采用工厂预制、现场整体安装的施工方案；江中沙洲为跨径60米的预应力钢筋混凝土连续梁桥，节段预制，造桥机拼装；漫滩区为跨径50米的预应力钢筋混凝土连续梁桥，采用移动模架施工，这部分的施工还创下了当时国内最大移动模架箱梁浇筑施工的记录。

TIPS

架桥机和造桥机有什么区别？

无论是预制安装还是移动模架，现代造桥往往都离不开大型机械的辅助，比较典型的就是架桥机和造桥机。架桥机适用于跨度不是很大的连续桥梁建设，它可以把预制好的一整段梁板直接架设到桥墩上，架完就走，再移动到下一跨进行吊装；造桥机则适用于大跨度的桥梁，由于跨度大，桥墩间的梁段无法整体预制，只能分成若干节段，此时造桥机就像一个移动工作平台，所有的施工内容，包括节段的吊装、连接等，都需要在移动支架——造桥机上完成，因此工期也相对较长。

转体施工法

转体施工法于 20 世纪 40 年代开始用于桥梁结构施工，通常分为竖转和平转。20 世纪 50 年代意大利修建的多姆斯河桥为竖转法施工，跨径达 70 米。在竖转法产生的 30 多年后，人们才在竖转法的启迪下开始了平转工艺的尝试。1976 年，奥地利多瑙河运河大桥施工时，对转体重量超过 3000 吨的双塔斜拉桥采用了平转施工。该桥的成功转体，惊动了世界桥梁界。

我国是世界上桥梁平转法施工发展速度最快、建桥最多的国家。国内 1975 年就开始独立进行拱桥转体施工工艺的研究，并于 1977 年首次在四川省遂宁县采用平转法建成一座主跨跨径为 70 米的钢筋混凝土箱肋拱转体施工试验桥，转体重量 1200 吨。此后，转体施工工艺在全国范围内得到推广应用，先后在 100 余座桥梁上采用了转体施工法，其转体重量逐渐由千吨级上升到万吨级。

目前转体施工法主要应用于桥梁跨越繁忙的铁路、公路和航运干线时因桥下的空间有限，而无法采用其他施工方法的情况。采用这种方法时，通常先将桥梁构件在桥位的岸边或线路旁进行预制，待混凝土达到设计强度后，利用较短的时间将梁体水平旋转至设计位置，最终完成合龙。施工期间可以不断航，不影响桥下交通，可在跨越通车线路上进行桥梁施工。同时转体施工还可以节省施工用料，减少高空作业，施工工序简单，施工迅速。

要想让大桥实现水平旋转，最核心的技术就是球铰，它如同巨人的关节一般，是整个大桥转动的关键。这其中的技术难点有二，第一个是球铰的加工：球铰接触面对加工精度要求非常高，接触面如果不能光滑如镜，球铰就会卡住，不能转动，因此球铰接触面的加工精度是微米级的。第二个难点在于材料：首先是球铰的材料要满足抗压、抗摩擦强度高和摩擦系数很低的要求；其次，球铰的接触面还要填充特制的润滑剂帮助旋转。解决了如上难题，用较小的牵引力就可以"四两拨千斤"，使大桥顺畅地旋转起来。

2018 年 9 月 3 日凌晨，上海松江区横跨 G60 沪昆高速的有轨电车 T2 线跨线桥转体梁经过两个多小时的顺时针平稳旋转，成功转体，南北两侧"牵手"成功。这标志着有轨电车 T2 线全线主体工程基本完工，同时创下了国内有轨电车桥梁转体的先例。

1 | 用竖转法进行钢拱桥施工
2 | 上海松江区现代有轨电车示范线上跨 G60 沪昆高速转体梁
3 | 工人们在安装转体球铰

4

5

6

顶推法

桥梁顶推法的构思源于钢梁的纵向拖拉施工法，是桥梁施工中常用且重要的施工方法之一，多应用于预应力钢筋混凝土等截面连续梁桥和斜拉桥的施工。

顶推法先在桥梁架设地旁边设置预制场地，把大桥化整为零，有如"切香肠"般把大桥分为若干个节段，每个节段预制好后，用纵向预应力筋将预制节段与施工完成的梁体连成整体，然后通过水平千斤顶将梁体向前推出预制场地，之后继续在预制场进行下一节段梁的预制，循环操作直至大桥完全到达对岸。

1959 年，联邦德国的莱昂哈特（Leonhardt）教授在建造奥地利的阿格尔桥时首次使用了顶推法；1964 年又用顶推法建成了委内瑞拉的卡罗尼河桥，首次使用了钢导梁和在桥墩间设置临时墩的办法；此后顶推法得到进一步改进，结合了分段预制、逐段顶推、逐段接长、连续施工等工艺。1974 年，我国在陕西狄家河铁路桥的施工中，首次使用了顶推法。

顶推法采用分段预制，使用简单的设备就可以建造较长的桥梁，施工费用低，施工平稳无噪声，可在水域、山谷和高桥墩上使用，也可以在曲率相同的弯桥和坡桥上使用：主梁分段预制，连续作业，结构整体性好，由于不需要大型起重设备，施工节段的长度一般可取用 10 ～ 20 米；桥梁节段在一个固定场地预制，便于施工管理，改善施工条件，避免高空作业；此种方法宜在等截面梁上使用。

顶推法施工的关键是顶推工作，核心问题在于应用有限的力量将梁顶推就位。聚四氟乙烯的问世为我们提供了摩擦系数很小的材料，将其应用在滑道装置上可以帮助梁体向前移动，使施工水平有了很大的提高。

7

4 | 顶推法施工示意　　　　　　5 | 顶推法施工中的桥梁
6 | 顶推法也可以施工钢结构桥梁　7 | 莱昂哈特教授

平移法

同顶推法分段预制、逐段顶推的方法相比，平移法则是把制作好的整段梁体一次性移动就位。另外，从梁体运动方向来看，平移法又可分为沿着桥梁的方向向前推进梁体的顶推或拖拉，以及在垂直于桥梁的方向水平移动梁体的横移。

2019 年 7 月 21 日，上海北横通道位于天目路立交东北侧的首座跨双铁立交桥顺利完成平移施工。该桥全长 76.1 米，宽 16.75 米，重 1200 吨，跨越京沪铁路上海机务段咽喉区和上海轨道交通 3 号线、4 号线。施工过程采用场外整体拼装、"步履式"多点同步法进行顶推作业。"步履式"多点同步法可以同时顶升、平移、横向调整，实现钢箱梁顺桥向、横桥向、上下竖向的移动或调整，保证顶推施工能够高效、顺利地进行。11 天的时间里，大桥向前"走动"了 104 米，在当时创下了单跨顶推跨度的全国纪录。同年的 11 月 12 日，宝山区陆翔路至祁连山路跨蕰藻浜大桥也通过顶推作业使整体桥面跨过蕰藻浜到达对岸，施工期间蕰藻浜一直保持通航的状态。

平移法中的横移施工要先在拟待建造的桥梁位置旁预制梁体结构，待梁体完成后，在桥梁一侧搭设拼装支架及横向滑道梁，然后用水平千斤顶沿滑道梁将梁体牵引横移。横向到位并调整好梁体的水平位置后，用竖向千斤顶将梁体落在支座上，浇筑钢筋混凝土桥面板，安装附属设备，完成桥梁的全部施工。

横向位移施工多用于正常通车线路上的桥梁工程的换梁，可以最大程度减少交通中断的时间。相较于顶推施工，横移法对钢结构梁体损伤较小，安全可靠度大。混凝土桥梁自重过大，因此横移施工通常应用在钢结构桥梁中。

1 | 上海北横通道跨双铁立交桥顶推施工中
2 | 技术人员检查顶推作业的千斤顶
3 | 横移施工中的公路桥
4 | 顶推施工中的蕰藻浜大桥

5

6

提升法与浮运法

7

8

这是两种利用竖向运动施工就位的方法。提升法是指在未来安置结构物以下的地面上预制该结构并把它提升就位的方法。浮运法则是将梁在岸上预制，通过大型浮船将其移至桥位，利用船的上下起落安装就位的方法。提升法和浮运法通常用于整体结构，重量可达数千吨。

采取提升法的前提是桥下要有一片适宜的场地，并且这片场地还要有一定的承载力。同时还要有足够提升能力的大型设备，并且保证设备在提升过程中能够平衡稳定的工作。

在沿海地区和江河之上，只要有大型的吊船以及重型结构的浮运设备，就可以在水面上进行浮运法施工。

2008年，苏州河上的外白渡桥完成了大修，它被一分为二，两个整垮分别移除，返厂维修后又安装在原位，其中的拆除、运输及安装都是利用驳船的浮运完成的。

2015年，同样在苏州河上的浙江路桥也完成了维修。由于外白渡桥及乍浦路桥的通航净空高度限制，大型浮吊等作业装备无法进入现场作业，最终利用浮箱设备把桥的整体从河面转移至路面，并平移至岸上的"临时厂房"，大修完成后，又从维修场地平移至河边，并借助浮箱转移至河面，最终就位。

5 | 外白渡桥大修
6 | 驳船运输外白渡桥桥体
7 | 桥梁的水上提升作业
8 | 浙江路桥大修

如何为一万多座桥体检

HOW TO DO INSPECTIONS FOR 10000 MORE THAN BRIDGES

要保障道路交通的安全，
城市中每座桥的"健康"信息是
必不可少的。目前，上海全市1万余座桥梁
均能享受每年一次"体检"的待遇。
上海桥梁实行"统一管理、分级负责"的原则。
城市桥梁的养护检查分为
经常性检查（含日常巡查）、常规定期检查、
结构定期检查、特殊检查。

具体而言，桥梁养护的日常巡查为 1 次 / 天；经常性检查为 1 次 / 月，

由养护单位实施，检查桥梁外观、主要部位，填写经常性检查表；

常规定期检查为 1 次 / 年，

检查桥梁所有部位，填写常规定期检查表；

结构定期检查为每 6 ～ 8 年 1 次，

检查全桥结构部件，填写结构定期检查表，评定技术状况等级；

特殊检查（根据需要），检查全桥部件，

评定技术状况等级，物理性能、化学性能、承载能力评价。

公路桥梁检查也类似，分为日常巡查、经常性检查、定期检查、特殊检查。

浙江路桥的大修

2015 年，在上海市中心，政府对横跨苏州河的浙江路桥进行了大修。

此次大修是在封闭式厂房内进行的，使该桥在正常情况下能再使用 50 年，同时对桥梁进行了"瘦身"。

浙江路桥经历过多次维修加固，更早的一次是在 2008 年，采用了加固、部件更换、除锈涂装等措施，但由于桥体下部结构锈蚀严重，仍需要进行更彻底的维修。2015 年的这次维修受到周边桥梁净空高度的限制，桥身无法被长距离运送，于是就近在苏州河北岸选择一块场地搭建厂房进行封闭式维修。

大修开始后，苏州河上的浮船将整个桥身托起，靠北岸的一侧则用吊机拉住桥身，采用"前拉后推"的办法将这个数百吨重的庞大桥身送至等在岸边的台车上，由台车将桥身送至厂房内。这座桥暂时离开了苏州河，在厂房内"小憩"。

此次大修执行"修旧如旧"的方针，包括恢复 1908 年的桥头门框式样——横梁为中间突起的拱形，并配有网状纹饰。此次大修去掉了现有的人行道，全面恢复了百年前建成时的"相貌"。

造桥 ———— 新

NEW STAG

BRIDGE

CONS

PART 4

造桥新趋势

作为连接的城市建筑

NEW TREND OF BRIDGE BUILDING — AS A CONTINUOUS URBAN ARCHITECTURE

2014 年，上海印发了《黄浦江两岸地区公共空间建设三年行动计划（2015-2017 年）》，文件指出，到 2017 年年底，从杨浦大桥到徐浦大桥 45 公里岸线基本实现贯通开放。2017 年 12 月 31 日，黄浦江两岸 45 公里岸线公共空间正式对外开放，其中，大量由建筑师创作设计的、跨越黄浦江支流的慢行桥成为这 45 公里公共空间的重要景观节点。

桥梁设计是一种功能性极强但又比较单纯的设计类型，国内大部分桥梁设计都由土木工程师包办，大部分桥梁的建设缺乏对场所的回应和艺术的敏感度。不同的是，本章列举的这几个慢行桥都是由建筑师设计，意在桥梁的功能性之外，赋予它更多的城市艺术性，使其成为具有艺术价值的城市公共建筑。

对建筑师而言，相比错综复杂的建筑设计和城市设计，桥梁的功能性要求要简单得多，这使得建筑师们能够更好地思考场地的意义，考虑场所的文脉延续，体现结构美学，处理桥梁尺度与环境的关系。

但是由于建筑师与土木工程师的分工不同，导致建筑师在结构方面缺少话语权。这就要求建筑师在设计阶段要与结构工程师密切配合，才能保证设计的可实施性。

在本章列举的几座桥梁设计实践中，建筑师们试图探讨在常见的桥身线形之外是否还有别的可能性，如日晖港步行桥的 Y 形三叉布局、洋泾港步行桥的螺旋曲线、泰同栈慢行桥的之字形的桥身和单面悬挑钢结构支撑。这些都得益于建筑师与结构工程师的良好合作。

在通行的功能之外，这几座慢行桥的共同属性是城市的"公共空间"，这也构成了设计的起点，即如何在满足基本的步行、骑行要求以外，使桥梁成为"城市的会客厅"。这些新的理念都是对"造桥"这一概念的突破和延伸。

汇之桥

泰同栈
慢行桥

2016 年，上海市启动了黄浦江两岸滨水公共空间的贯通开发工作。浦东新区计划在东岸沿线建设 12 座云桥，以打通沿江开放空间中的断点，它们既是漫步、跑步、骑行的慢行道，也将成为黄浦江东岸重要的景观标志。

泰同栈慢行桥跨越泰同栈轮渡，将东侧的大都会广场和西侧的陆家嘴 CBD 绿地贯通，可遥望东方明珠电视塔。桥体全长约 180 米，连同地面景观道路共约 389 米。慢行桥结合场地高差避让周边建筑，有两条蜿蜒的桥体，一条为骑行桥，一条为跑步漫步桥。"之"字形的桥身穿行于沿江植被茂密的景观带中，带领游玩和运动的人群在桥上慢慢行进爬升，两条桥体时分时合，在最高处汇集于泰同栈轮渡上方，或相聚在桥下庭院，在植被茂密的沿江景观带中，三股人流通过两条优美蜿蜒的桥体汇聚在一起，故名曰"汇之桥"。 步行桥和骑行桥的宽度均为 4 米，两桥合并处桥宽 6 米。

跑步、漫步、骑行这三条路径在过去被泰同栈码头打断无法贯通，慢行桥将三股人流汇聚在一起，在码头二层平台处实现三线贯通。设计时还考虑了穿越桥体和景观带到江边散步的人群的流线，在泰同栈东侧中部设计桥下广场，引导人群走到江边。此外，在泰同栈西侧的街角空间设计有庭院和小路，为滨江散步人群提供通行和休息的场所。

两桥将漫步、跑步和骑行的人从不同的景观道路接入，流线型的走势与黄浦江中船只驶过留下的蜿蜒水痕相呼应，仿佛人们也是在林间自由航行。根据自行车坡道与跑步道对于坡度的不同要求，两桥时而分叉，时而汇合，使通行者在双桥动态的聚散中得以相互交流并欣赏壮丽的江景，分合中自然围合出了供人们小憩的庭院。

多种情境和氛围被汇之桥交织在一起。步行者和骑行者在桥上实现活动空间分离，桥上与桥下也形成了动静结合的空间，上部的跑步道与骑行道是富有活力的流动空间，而围合的庭院则是闲适的停留空间。在围合院落的桥下廊道中，桥面本身成了廊顶，桥体底部的支撑结构则成了休息座椅。院落中央栽种的树木更进一步强化了院落的意象，为人们提供宜人的休憩空间。

为保证桩基退让防汛墙 6 米间距，桥体多采用单面悬挑钢结构支撑。以泰同栈码头为分界，结构设计采用了两种结构柱形式。泰同栈以东是独立变截面柱，为底层提供了开敞的空间和通透的视野，泰同栈以西的庭院则采用斜柱，强化了庭院的围合性。桥体外侧包覆铝板，在栏板处采用了穿孔铝板弯折成形，使栏杆和桥面衔接为抽象流畅的整体。穿孔铝板表面设计了渐变的冲孔，以一种柔和又微妙的方式强化了流畅的形体线条，并为夜晚的灯光效果提供更为有趣的变化。

夜幕降临，通长的灯带透过穿孔铝板发出均匀的光亮，将整个桥体打亮，远远望去，犹如两条轻盈的光带划过树丛倒映在江面上。这一整体性的灯光设计为都市居民提供了夜间通行需要的照明效果，提升了区域的全时段活力。

项目介绍

建设地点	泰同栈，浦东新区，上海
设计时间	2016 年
建成时间	2017 年
建 筑 师	山水秀建筑事务所
设计团队	祝晓峰（设计总监）、李启同（项目经理）、江萌（项目建筑师）、梁山、杜洁、周延、刘培斌、江萌（驻场建筑师）
业　　主	上海东岸投资（集团）有限公司
结构顾问	张准（和作结构建筑研究所）
合作设计院	上海市政工程设计研究总院（集团）有限公司

倪家浜桥
世博栈桥
白莲泾桥

倪家浜是一个河宽大约 25 米的废弃"盲肠"河道，南北两侧均为没有任何建设现状，是原世博场地。桥梁由三股交通构成，人行道、自行车道、跑道，它们对坡度和宽度的要求各不相同，建筑师将本该是一座的桥梁拆分为两座——将自行车道和跑道两股合一，采用平缓的吊桥形式；而人行道单独设置，用坡度略大的拱桥形式，一拱一吊，平添趣味。

除了在竖向设计中将拱桥和吊桥分开以外，在平面上也将两座桥体分开，分别采用了直线倒角和弧线的方式。这一处理减少了桥梁中部的荷载，从平面上看，像一个望向天空的眼睛。

因为梅赛德斯—奔驰文化中心（原世博演艺中心）的边界红线到黄浦江岸线的距离非常局促，世博栈桥在设计过程中经历了很多版本的方案构思，初期建筑师提出了避让建筑和大台阶的人行浮桥的概念，后来还提出过沿江高架桥的概念，几经周折，最终还是确定了不占用水域、因地制宜的简明之道，仅在亩中山水园和梅赛德斯-奔驰文化中心之间建立起一座低调的桥梁，并将自行车流拆分出去，以解决宽度不够、人车交叉等问题。

由于世博栈桥毗邻著名的梅赛德斯-奔驰文化中心，所以造型不宜过度夸张，除了平面线型、栏杆的微妙渐变外，并没有在应有的结构功能构件之外加设任何多余的东西。此外，总体设计中还保留了一处中间老码头上的原始状态，使得新旧之间保持了一定的连贯。

白莲泾桥位于白莲泾河口处，视野开阔，是观赏黄浦江江景的极佳场所，桥梁设计力求融入环境，最大程度利用现有景观。

为了不阻碍世博大道处的观景视线，桥体没有采用平行于岸线的常规做法，而是呈弧形向世博大道车行桥靠拢，顺势接入北岸白莲泾公园，南侧则以弧线靠近黄浦江岸线，接入高架贯通道。这样除了使市政桥梁的人行道依然有开阔的黄浦江景，白莲泾桥本身也能使游客随着行进路线的变化而变换视角。

白莲泾桥桥身宽 7 米，分为自行车道和人行跑步道，并在桥梁中间渐变放宽至 9 米，供游人驻足。桥身箱梁采用变截面设计，连续七跨，每跨跨度 20 米，两侧薄翼缘外挑，桥栏杆采用半透明的瓦楞穿孔铝板，远看桥身轻盈灵动，极似一条连接白莲泾两岸的飘逸丝带。

项目介绍

建设地点	世博后滩公园南侧、浦东白莲泾码头、梅赛德斯-奔驰文化中心旁
设计时间	2016 年
建成时间	2017 年
建 筑 师	上海高目建筑设计
方案设计团 队	张佳晶、黄巍、李赫、刘苏瑶
业 主	上海东岸投资（集团）有限公司
合作设计院	上海市政工程设计研究总院（集团）有限公司、华东建筑设计研究院有限公司

日晖港
步行桥

项目介绍

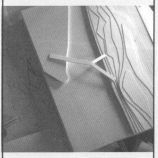

建 设 地 点	日晖港与黄浦江 交界处
设 计 时 间	2012—2015 年
建 成 时 间	2016 年
建 筑 师	大舍建筑设计事务所
设 计 团 队	柳亦春、王伟实
结 构 设 计	大野博史、张准
合 作 设 计 院	上海市城市建设设 计研究总院

日晖港步行桥跨越约 70 米宽的黄浦江支流，将徐汇区与黄浦区的公共开放空间连接在一起，在功能上接通浦西沿江公共空间的断点，承担人行交通的功能。桥梁两岸分属不同的区管辖，其场所特征也风格迥异，徐汇区一侧延续西岸公共开放空间的宽阔平坦，有着广场般开阔的尺度，而对岸黄浦区一侧则是以园林尺度呈现的公园，地形起伏复杂，道路蜿蜒。桥梁的设计需平衡两种空间尺度并恰当地连接不同的标高和流线，与此同时桥梁本身亦不能阻挡河流上船只的通行及岸边的人行通道，功能要求颇为复杂。

在前期的方案分析阶段，一跨过河、多跨过河及曲折浮桥等常规桥梁模式在应对这样的环境时，均会遇到阻挡通行、体量过大或地形改造过多等实际问题，在摸索过程中，建筑师逐渐发现需要一种更为轻巧灵活的布局模式使桥轻盈而准确地立足于这个复杂的场地，Y 形三叉布局应运而生。一方面，平面岔开的形式将徐汇区一侧的空间尺度分解为两个小尺度分支与黄浦区一侧的尺度相呼应，实现空间尺度上的平衡；另一方面，三落点将一根线性梁转变为三梁拼接，使落点的位置更加灵活，而任意两桥段形成相互支撑的体系为结构形式的生成提供了参考。

在与日本结构师大野博史以及国内结构师张准逾年的反复推敲和讨论中，建筑师们先后考虑过四种相对合理轻便的方案。单索单撑和单索 V 撑的视觉效果较好，相对干净利落且有韵律感，但对施工水平和节点设计要求较高，力学合理性弱于单索桁架和大野博史提出的三叉索结构。然而，后两个方案也有各自的弱势，一是施工难度较大；二是桁架结构略显杂乱，缺乏美感；三是三叉索结构还存在影响水上净空的问题。四下相较，考虑到上海地区地基较软，三叉索结构方案因其最小的支座反力（可减小一半），成为建筑师下决心发展的方向。

由于中途支座选址位置的变更，Y形岔口出现了细微改变，原先的结构方案无法直接采用，于是有了现在的Y形张弦梁方案。三桥段依据弯矩与受力形成两端小中间大的三角形纵断面，它们在结构上相互铰接支撑，形成推力结构，这一方面对转化弯矩控制梁高有利，另一方面却必须考虑如何平衡平缓起拱对基础造成的巨大推力，拉索在此承担了重要的作用。常规而言，在拉索连接三段脚部形成约束的环箍即能平衡所有推力，但这样做不但影响船舶和行人通行，也使争取来的结构高度失去意义，因此拉索转而拉结各梁的中部，即梁高最大的三角形顶角位置，虽在结构上会损失部分平衡活载推力的能力，但这样使桥下通行成为可能，工程上也为拉索锚固创造了条件，结构与场所取得第一次平衡。

然而建筑师们研究桥下空间时发现，笔直的拉索横挡在园路上方会对桥下的通行造成阻碍。虽然净高能够满足，却会在心理上给人"禁止通行"的消极印象，似乎还缺少一种使之由结构转变为立足于空间和场所中的"桥"的元素，一种让结构真正转化为空间要素的时刻。最后建筑师们决定在拉索中部设置连接桥段交汇处的拉杆，将拉索轻轻上提形成弯折，为桥下尤其是分叉点下的沿河道路争取到符合规范要求和通行舒适度的高度。这一微小拉拽动作好似将拉索掀起，由阻拦变成欢迎的姿态，倾斜的索形与倾斜的桥面也取得了形式上的一致性，在受力形态上，桥梁变得更为整体和富有力度，并且强化了桥梁结构对其下方城市空间的覆盖和限定；这一结构上的复杂化使桥转变为空间意义上的结构，结构与空间和场所达成了第二次平衡。结构意图逐渐隐匿，却在空间和场所层面获得了更丰富的意义。

三林北港桥 及 三林塘港桥

项目介绍

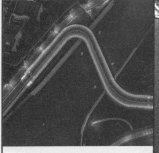

建设地点	三林北港、三林塘港
设计时间	2016 年
建成时间	2017 年
联合设计	阿科米星建筑设计事务所（庄慎、任皓、唐煜、朱捷）、冶是建筑工作室（李丹锋、周渐佳）
设计团队	庄慎、朱捷、李丹锋、周渐佳、邱梅、王劲凯、陈嘉禾、叶之凡、胡博（实习）、吕欣欣（实习）
业　　主	上海东岸投资（集团）有限公司
合作设计院	上海市政设计研究总院（集团）有限公司（朱立峰、黄政）

　　在三林北港桥及三林塘港桥的设计中，建筑师试图探讨桥身在常见的线形之外的可能性，将其设计成连贯的设计语言，以此强化双桥的印象。因此这两座桥的设计都是在尝试演绎一些几何形态上的变化，也充分考虑了与桥两端城市、景观环境的衔接。

　　三林北港桥以直线型的桥身直接连通南北两岸，但是在桥头和桥尾逐渐平展出两翼，形成与桥身融为一体的大台阶，自然地衔接桥前的景观广场。建筑师希望从桥身延展出来的空间能提供另一种进入的可能，另一重体验滨江的视角，也能承载更多样的公共活动。

　　相比于三林北港桥两侧疏朗的绿地空间，南端的三林塘港桥周围的建筑密度更高，需要回应的问题也更多。一方面，必须避免上下桥的空间与现有建筑发生冲突，另一方面三林塘港两岸的空间较为局促，未能给桥提供足够的引桥长度。设计师尝试通过延长桥身并且将桥身处理成 S 形来化解这些场地的不利因素，转弯处桥身稍稍加宽，以增加形态上的变化。类似的设计语言被延续到了栏板的设计上，在水平方向和垂直方向上分别做了曲面处理，以增加整体的起伏美感。

　　东岸从杨浦大桥绵延至徐浦大桥，每段岸线周边的城市环境都有差异，三林地区是较为自然的岸线，周边建筑也以新中式为主，而对岸仍保留有大片的工业建筑。设计师在两座桥的调性和材质上选择了更为干练中性的浅灰金属色，以做到更好地融入环境。两座桥都选择了简洁的方管作为包覆桥身的主要饰面材料，表面做金属氟碳喷涂，同时结合栏杆扶手做出连续的灯带。

洋泾港步行桥

项目介绍

名 称	洋泾港步行桥 （项目正式名） 慧泓桥（项目别名）
业 主	上海东岸投资（集团） 有限公司
地 点	上海市浦东新区
类 型	基础设施
规 模	总长度140米， 总宽10.75米， 主桥跨度55米
设计时间	2016年
建成时间	2018年
设计单位	刘宇扬建筑事务所
主 持 建筑师	刘宇扬
项目主管	王珏
项 目 建 筑 师	吴亚萍 （概念＋深化阶段）
设计团队	杨一萌、温良涵、 薛海琪（概念阶段）
驻 场 建 筑 师	王珏
建设单位	上海东岸投资（集团） 有限公司
结构顾问	和作结构建筑研究所
灯光顾问	十聿照明设计公司
水 工 及 结 构 设 计	上海市政工程设计 研究总院（集团） 有限公司
施工单位	上海机械施工集团 有限公司
主要材料	聚氨酯改性环氧树 脂，氟碳喷涂钢板， 不锈钢绳网
摄 影	田方方

洋泾港步行桥位于杨浦大桥旁的洋泾港，为黄浦江东岸开放空间贯通的第一座慢行桥梁。结构形式为钢结构异型桁架桥，主桥宽10.75米，跨度55米，总长度为140米。设计将结构、功能及造型三者结合，利用高差分流骑行、跑步及漫步。桥身跨洋泾港，指陆家嘴，清水一道为泓，结构如弓，隐喻黄浦江东岸第一桥蓄势待发之张力，是为"慧泓桥"。

工程范围西从民生艺术码头的桥台开始，东至洋泾绿地公园内的桥台结束，包含桥下洋泾港沿岸的防汛墙和部分绿地。主桥部分采用异型桁架结构一跨过河，民生码头段引桥均采用钢箱梁，骑行道引桥总长85m，宽4.5m，慢行道引桥长37m，宽6.5m。

桥体以优雅的曲线回应周边景观，将视线引导至其东北侧的杨浦大桥，以及西南侧的陆家嘴中心建筑群。为了减少对南侧民生码头遗留厂房建筑的影响，桥体选址定在了更靠近黄浦江的一侧，通过桥型的调整，避让沿江侧的防汛墙。

桁架结构跨度55米，高度4米。项目利用高差隔开骑行与漫步道区域，保证通行安全，互不干扰，各自拥有良好的观景视野。

为适应不同通行方式的坡度需求，设计将梭形上下弦的弧度进行了调整。骑行道布置在平缓的桁架下弦，坡度均控制在4%以内，为骑行者提供舒适安全的骑行场地。沿江侧用竖杆形成防护界面。慢行道布置在上弦，跑步及步行能适应10%的坡度，局部坡度较大处设置缓步台阶，桥面放宽，视野开阔，形成可以驻足休憩的空间。桥面铺装采用统一的环氧树脂材料，深灰色为骑行道，红色为跑步道。桥面放宽处，另使用深灰色划分出漫步区域。

为了给未来的河道预留通航高度，桥底需达到绝对标高9.5米，进一步加大了桥面与两侧码头的高差。西侧的骑行道引桥平缓地接入民生码头的绿坡树林，自然而又不经意地跨越了防汛墙。慢行道采用螺旋曲线的形式，在局促的码头空间内获得足够的引桥长度，引导人流进入空间层次更为丰富的民生艺术码头。主桥东侧过桥台后直接进入洋泾绿地的步道，标志性的栏杆语汇延伸至场地内部。

栏杆部分采用氟碳喷涂圆钢管，拼接出有连续起伏变化的三角形变截面体量，将波光粼粼的不锈钢绳网通过绕绳法的固定方式与杆件合二为一。断面设计上，在栏杆一侧为过桥管线预留空间，保证桥身桁架空间的完整性。夜间的灯光照明设计上，将点光源和线性光源结合，点洗亮栏杆网面及结构桁架。整体桥身喷涂铂金色，造型轻盈，如彗星划过天际，勾勒出黄浦江东岸的崭新气象。

民生码头侧的桥下空间，结合洋泾港防汛墙改造，设置了一处观景平台。利用防汛墙作为围栏，采用下沉树池结合台阶的手法将场地与周边景观结合在一起。

基于城市设计的整体性和延续性，云桥将成为融合市民活动和城市美学的基础设施。从连接到贯通，城市陆域水网的"断点"因桥而变，激发出都市水岸景观的蓬勃生命力。

桥也可以打印？

项目介绍

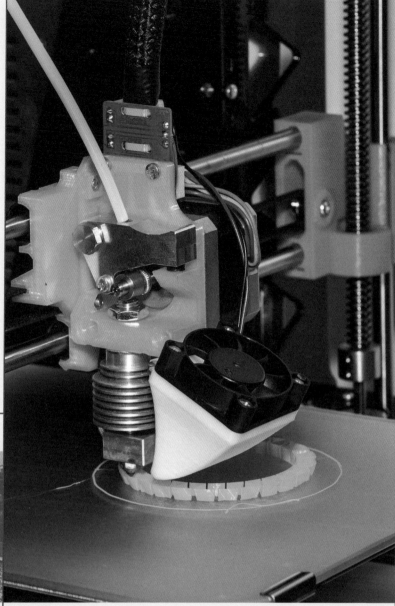

项目地点	上海普陀区 桃浦中央绿地
桥长 建成	15.25m 2019.1
建设方	上海建工园林集团

　　2018 年，国内首座可投入使用的 3D 打印桥亮相上海桃浦智创城中央公园，和传统桥梁不同，这座新桥不用一点钢筋水泥。

　　这座桥是一座人行桥，长 15.25 米，宽 3.8 米，高 1.2 米。桥身呈乳白色，采用树脂材料制造。其实用 3D 技术打印一座桥，早有先例。2017 年 7 月，同济大学内就出现了全球第一组 3D 打印步行桥，两座桥跨度分别为 4 米、11 米。但两座桥只用于展示。如今这座投入实际使用的 3D 打印景观桥，通过"打印"一次性成型，前后只花费 35 天。

　　3D 打印桥到底牢不牢靠？相关建设方上海建工集团副总工程师、机施集团总工程师陈晓明介绍，根据实验室测试结果，该桥每平方米可以承受荷载 250 公斤，相当于每平方米至少可容纳 4 个成年人同时经过。

　　"这座景观桥的使用寿命可达 30 年。"陈晓明说，经过多次对比和

试验，最终选定了一种叫作"ASA"的工程塑料，并混合一定比例的玻璃纤维、抗老化材料等，使这座桥具备高耐候性、高抗冲击强度等特点，能承受长期的日晒雨淋，同时又满足 3D 打印材料和建筑材料的要求，确保桥体的强度和耐久性都符合国家建筑行业标准。如果桥梁有损坏，可以通过更换局部构件进行维修。

这座桥梁拥有"S 型"曲线，桥面多处镂空，是传统手段很难做出的结构造型，它的复杂多维度曲面，只能通过 3D 技术才能实现。但目前如果建造直线型、钢结构桥梁或水泥桥梁，3D 打印技术就不存在优势了。从成本角度来看，随着工艺成熟，原材料价格的降低，3D 打印桥市场竞争力会更强。

造桥者说 INTERVIEW WITH BRIDGE ENGINEERS

齐新 Xin Qi 上海市政工程设计 研究总院 教授级高工	:	陈艾森 Aisen Chen 同济大学土木工程学院 桥梁工程系教授	:	张准 Zhun Zhang 和作结构建筑研究所 联合创始人

上海建成的桥中，你们印象最深的是哪一座？为什么？

齐■ 南浦大桥意义非常不一样，它是我们国家第一座现代化的大桥，在它之前有几座桥，比如泖港（大桥），只能说是实验性的，真的跨黄浦江现代化的桥梁，南浦大桥是第一座。

陈■ 我个人比较熟悉的是 20 世纪 90 年代以后，南浦大桥以后的桥梁，南浦大桥是第一座跨越黄浦江的斜拉桥，需要解决的问题是占地面积小，通航高度高，所以引桥采用螺旋的形式联系桥面和地面。这在当时是没有相关的技术支撑的。而杨浦大桥有了南浦大桥的技术基础之后，在跨度上有一个巨大的飞跃，创造了当时的斜拉桥最大跨度的世界纪录并保持了一年。杨浦大桥的进步主要是在施工、抗风等技术上的进步。简而言之南浦大桥在国内的建桥历史上是具有突破性意义的，而杨浦大桥在国际的桥梁史上占据了一个重要位置。后续建造的其他斜拉桥因为造桥者经验丰富，难度就不是很大了。

上海近年来建造了各种类型的桥，按结构分有斜拉桥、拱桥、悬索桥等，按功能分有公路桥、铁路桥、高架桥、人行桥等，不同桥的建造方式有哪些不同？

齐■ 卢浦大桥的主拱是 550 米，又配了两个小的半边拱，这样主拱在受到竖向力的时候拱是有推力的，再用细杆把推力平衡掉，所以它的体系和斜拉桥是不一样的。一般大跨度桥梁用的是桁架拱，比如悉尼港桥，钢构架近看密密麻麻，很复杂，要建造也很麻烦。但卢浦大桥的拱是一个钢箱拱，它是一个箱型的、完整的截面形式，看起来比较简洁、现代。

陈■ 拱桥的建造过程和斜拉桥的建造过程有点相似。首先要在两边各造一个塔。斜拉桥本身就需要塔，因此它是先造好塔，然后从两边向中间一段一段地将桥面用拉索拉住。拱桥最终是不需要塔的，但施工过程首先要造一个临时塔，然后用造斜拉桥的方式把拱一段段拼好，主拱建好之后再把塔拆掉，再将桥面一段段拉在拱上。所以卢浦大桥的难度很大，造价也是很贵的。而且拱结构是一个刚性的，在精度的控制上要更加精确。简单理解就是造拱桥是先造了一座拱状的斜拉桥。

限于上海的地理条件，之前造大桥时遇到了哪些难忘的挑战？设计时应该如何应对？

齐▪ 大桥其实是一个很复杂的体系，像抗震、抗风，都要做相关的研究。因为上海也是靠海边，常有台风，所以像桥梁的抗风问题就很突出。而且上海现在的主城区以前都是大海，后来随着泥沙淤积才形成了软土，横向、竖向承载力不够，比如拱桥是有水平推力的，地质太软，就产生不了这样的推力。

陈▪ 南浦大桥和杨浦大桥的断面是结合当时防风方面的研究设计的。南浦大桥的两套索是平行的（平行索面），抗风能力弱，因此在桥面侧边采用了特殊的防风构造措施（在侧边加了一个风箱一样的构造，叫作裙板）。而杨浦大桥由于两套索是呈角度的（斜索面），抗扭转的刚度更强，抗风能力也更强，也就不需要特殊的防风构造处理。设计卢浦大桥时，又因为上海是软土，而拱结构向两边的推力是很大的，所以在主拱的两端增加了两个拱，平衡了主拱两侧的推力，桥面也起到了拉杆的作用，平衡了拱的水平推力。

上海几座大桥在施工过程中遇到了什么技术难点？

齐▪ 我们做南浦大桥的时候，用了混凝土桥面板和钢梁的叠合梁。在考察时，发现类似结构的美国安纳西斯桥上有裂缝，水渗透造成钢筋锈蚀，会影响桥梁的耐久性。为了避免这些裂缝，大家就想办法让混凝土桥面板上产生了一个预压力。混凝土抗压强度很高，抗拉强度很低，所以这样就把混凝土的缺陷弥补了。后来我们在几座桥的建造中都用了这种技术，这是个非常有效的办法。

陈▪ 斜拉桥的施工有两个难点。首先，斜拉桥的施工是先建造好两个塔，然后桥面的施工是一段一段完成的，拼一段拉一段，也就是每一段桥面都是靠斜拉索拉住的，那么最关键的点就在于确定这个索拉多少才能保证最后两边能正好碰在一起（这是经过设计的严密计算的）。其次是荷载上去之后，如何使桥面达到设计标高，斜拉桥的桥面是一个柔性的结构（可以理解像面条一样），因此这是一个技术问题也是一个科学问题。这些桥梁的建造，同济大学的参与力度非常大。

如何看待城市内桥梁的快速施工？

齐▪ 现在建桥强调绿色、可持续发展、低碳环保，在环境保护、劳动效率提高、劳动保护，还有资源利用方面考虑得更多。所以桥梁建造就尽量考虑预制装配，或者是前卫的、现代的手段，这个也是桥梁发展的特点。有的是交通非常繁忙，承受不了交通中断的压力。像北京的三元立交，建造的时候这个桥还在运营，就用了一个晚上的时间，把车开到地下托起老桥将其移到一旁，然后把新桥挪过来，很快就在旁边建了一个新的桥梁。

陈▪ 上海的立交桥、高架桥的建造技术重点在于如何快速、短周期地完成建造。

张▪ 这也和类型有关，比如市政的高架桥肯定是要按标准化和快速施工的要求来做的。

上海现在的桥梁是不是基本够了？未来还会规划建造更多的桥梁吗？

陈▪ 上海目前不会再造更多的桥梁了，主要还是在地下。

齐▪ 没有条件再做了，再做可能就是做一些从江底过的隧道。因为上海的黄浦江通航标准太高了，得考虑通海轮的尺度，大概 40 多米，从桥上下来需要很长的距离落地，而且很多地块都已经开发好了，可能在地面摆不下这个宽度。

现在项目重点是否转移到了其他城市或者国外援建、合作的桥？

齐 ▪ 是的，我们有很多国外的项目，在东南亚、非洲都有。比如印尼的雅加达，他们没有什么钢铁厂，汽车基本上都是进口的，钢筋钢绞线都要进口。一开始他们这些国家都是用美国规范，后来他们来中国看到我们自主造的桥，就同意用中国规范来设计。整个过程，从设计到施工到监理，都是用中国的规范。所以到那边做桥基本上就是出口一整座桥，人、技术和原材料，比如水泥、石材、钢筋混凝土，好多都是从国内运过去。

国内的桥梁设计和建造水平已经是世界领先了，你们觉得我国的技术和国外相比有何不同？或者还有什么差距？

齐 ▪ 我们制造了很多东西，但我们的科技含量跟德国、日本相比（还不够）；还有管理水平，在日本的工地，他们建一座桥就 7 个人，到我们这里同样的项目得 70 个人。他们的工地，正在施工的工地也很干净。我们的工地就比较乱。精细化、系列化程度都与他们有差距，他们更善于理论的总结和梳理，很较真，而国内是差不多就行了，现在都没人做这些基础性的东西。

张 ▪ 中国的主要限制，在于精细建造还比较欠缺，但是在理论和分析层面还是比较强了。比如很多构件，比如型钢，日本的型号就更加全面，中国的选择就很受限制。

桥的寿命周期是如何确定的？应该如何维护？

齐 ▪ 桥梁的寿命应该是 100 年，但是里面一些可更换的构件寿命不同，比如拉索、

支座，有的是 30 年，有的是 50 年；比如一些油漆的涂装，可能 15 年或者 20 年要涂一次。所以桥过了 100 年的寿命，也不一定要拆掉，要再评定。

陈 ▪ 一般来说是 100 年，话是这么说，设计寿命虽然是 100 年，但其实是不严密的。比如外白渡桥的寿命已经超过了 100 年，但是现在的养护和修缮技术可以延长它的寿命。上海将来会面临这些大桥的寿命问题，比如杨浦大桥、南浦大桥这些桥梁，一定要尽可能地延长这些桥梁的使用寿命，因为新造一座桥（指拆掉重建）对城市的影响还是很大的。

如何理解桥梁的全生命周期？

陈 ▪ 同济大学一直在推广这方面的技术，在新建的桥梁中已经运用得很广泛了。最重要的就是在设计层面考虑桥梁生命周期的使用、生态技术、和环境的关系、管理过程等。同时，技术层面的研究也在一直推进。

上海桥梁未来有哪些新的趋势？重点是不是会转移到桥梁更新和改造上？

齐 ▪ 未来造桥比较少，他们人口、基础设施也比较稳定，主要是一些老的基础设施要更新、维修加固。

陈 ▪ 内环外环等是出于经济制约和方便的因素来建造混凝土高架桥，但从长远来看，未来的城市是要消灭高架桥的，未来的交通更多的要放在地下。因此未来这些高架桥的拆除和消化也是一个问题。这是一个未来可持续发展的问题。或者考虑废弃高架桥的再利用，将本来需要拆除的垃圾转变为城市的可利用资源，上海在近 20 ～ 30 年间应该会遇到这样的问题。

张▪ 建步行桥是一个全国的趋势吧，因为经济发展好了，更多考虑到精神层面的美学诉求。而且桥梁的美也不只是结构，很多其他因素也能带来不一样的东西。

如何看待桥梁设计中实用和美观的关系？

齐▪ 比如说在黄浦江上做斜拉桥，现在有了南浦大桥、杨浦大桥，应该讲我们有成熟的经验，后来又造了徐浦大桥，如果再做一座斜拉桥，因为有三座桥的经验，那我们的把握是非常大的，或者从设计来说，我就非常轻松了，都是立式的想法，但是老是做斜拉桥，人家觉得桥型太单调了，能不能有所突破。

陈▪ 设计是一个想象变成现实的过程，它是艺术的，同时也是科学的；它是技术性的，也是创新性的；是实用的，也是美的。当时也有提出要用混凝土结构做 600 多米跨度的桥，但最终还是决定用钢结构和混凝土的混合结构，事实证明这个决策还是正确的。

张▪ 桥梁的设计是很多因素的糅合。首先是建造背后的社会原因，其次是工程可实施性，还有很多社会性的其他因素。从设计上讲，把很多社会性的看上去消极的元素融合在设计中会更有趣。

现在越来越多的建筑师开始参与桥的设计，越来越多的结构师开始与建筑师合作设计桥，你们如何看待这种现象？

张▪ 一方面我本身对建筑就很感兴趣，所以很能够理解或者说契合建筑师的想法；另一方面我一般不对建筑师说"这个肯定不行"，而是说"怎么怎么样改动就可以达到"或者"如果不行就怎么样"。

如何评价同济大学在国内桥梁界的历史地位和贡献？

齐▪ 同济大学桥梁系在科研上给予了项目很多支撑。大桥其实是一个很复杂的体系，像抗震、抗风，都要做相关的研究，同济大学建造现代化桥梁很有经验。但我国的研究和国外相比还是不够精细化、系统化。这一块其实科研的费用也不少，但要么是重复建设，要么是重复研究。同济大学的研究，跟一些公司的研究，有时候都差不多。没有利润的，或者是不吸引人的，大家都不去搞，但这些其实是很实用也很重要的东西。

陈▪ 同济大学一直强调桥梁的技术研究，培养了一代代桥梁建设的专家。很重要的一点就是一种预研究的态度，一直站在学科的最前沿。20 世纪 50 年代研究关于桥梁振动的问题；七八十年代研究计算理论、计算方法、计算机辅助设计的问题；80 年代研究南浦大桥的设计问题、抗风问题，各种桥梁的施工控制方面的研究，结构体系的研究；90 年代做关于组合结构、钢结构的研究；今天的桥梁的全生命周期和可持续发展的研究，同济大学都是走在时代前沿的。

如何看待桥梁的创新？

齐▪ 我们就是创新很不容易，特点就是善于模仿，很多人就是畏惧做别人没做过的事。我认为创新精神还不够，但就南浦大桥来讲确实有创新。

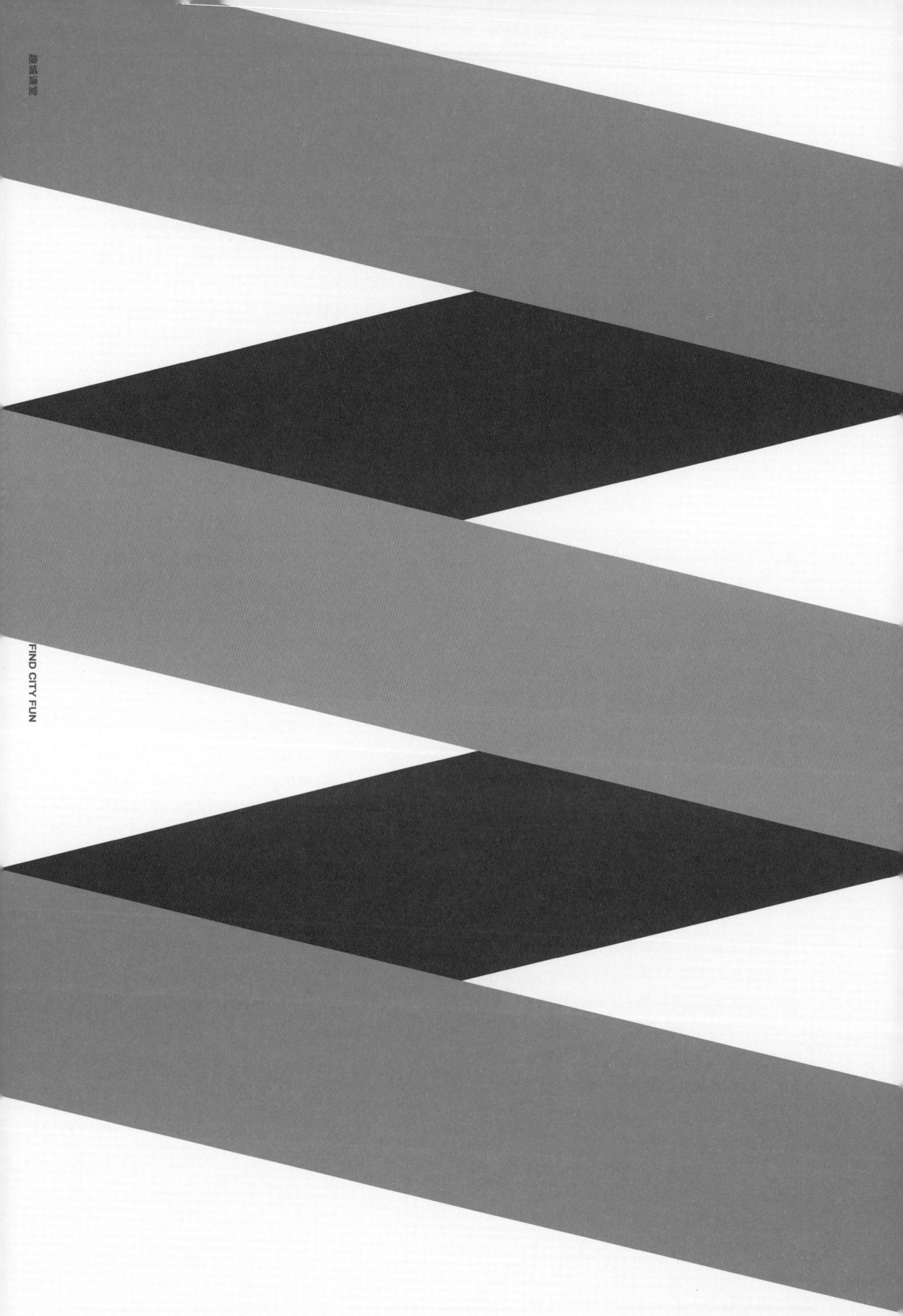

项目支持	上海市规划和自然资源局
项目总审定	上海市城市规划设计研究院
项目策划统筹	上海市城市规划设计研究院
编写	群岛 ARCHIPELAGO，秦蕾
课题小组	杨帆，周伊幸，杨剑飞，钱卓珺
平面设计	刘天洋，黄莹，鲁忠泽
特别感谢	齐新

关于趣城课堂

"趣城课堂"是上海市城市规划设计院针对青少年和公众的城市知识科普类品牌活动，包括自主研发的针对学龄前和学龄儿童的城市科普课件、进课堂活动及出版城市知识科普读物。其中城市知识科普读物又包括幼儿版的城市翻翻书系列和青少年及大众读物，以杂志书的形式为主，选取与人们生活最紧密的城市问题为主题，以富有设计感的图解进行诠释。

关于群岛 ARCHIPELAGO

群岛 ARCHIPELAGO 是专注于城市、建筑、设计领域的出版传媒平台，由群岛 ARCHIPELAGO 策划、制作、出版的图书曾荣获德国 DAM 年度最佳建筑图书奖、政府出版奖、中国最美的书等众多奖项；曾受邀参加中日韩"书筑"展、纽约建筑书展（群岛 ARCHIPELAGO 策划、出版的三种图书入选为"过去 35 年中全球最重要的建筑专业出版物"）等国际展览。

群岛 ARCHIPELAGO 包含出版、新媒体与群岛 BOOKS 书店。

archipelago.net.cn